Gravé d'après le buste de Houdon par M.me Renard, pour la notice sur la Bibliothèque Méjanes publiée par E. Rouard bibliothécaire. 1831.

OBSERVATIONS

SUR

LA BIBLIOTHEQUE DE MÉJANES

OBSERVATIONS

SUR

LA BIBLIOTHEQUE DE MÉJANES,

Par M. GIBELIN *, D. M., Sous-Bibliothécaire de l'ancien Pays*
de Provence.

Parmi les grands objets dont Meſſieurs les Adminiſtrateurs
du Département des Bouches du Rhône ont à s'occuper, la
Bibliotheque léguée au Pays par M. de Méjanes eſt un des plus
importans. Ils connoiſſent trop bien les avantages que le genre
humain retire de la propagation des lumieres & du progrès
des Sciences, pour n'avoir pas à cœur l'établiſſement de ce

A ij

tréfor (1) littéraire , & pour ne pas accueillir avec bonté les idées & les obfervations qu'un Citoyen attaché à cette Bibliotheque prend la liberté de leur préfenter.

Le bien public a été fans contredit le principal objet que s'eft propofé le Fondateur , en faifant au Pays ce legs ineftimable. Les Bibliotheques publiques font d'autant plus utiles qu'elles font plus confidérables , parce qu'elles raffemblent alors , comme dans un feul foyer , les lumieres , qu'on ne trouve qu'éparfes dans les Bibliotheques particulieres , & qui tirent de leur réunion feule leur force & leur éclat. C'eft dans les grandes Bibliotheques qu'on peut faire les meilleures études en tout genre. Elles offrent en effet à la jeuneffe ftudieufe tous les moyens de completter fon inftruction , fans l'obliger de perdre à des recherches , fouvent inutiles , un tems très-précieux pour qui fait l'employer ; elles réveillent enfin chez la plûpart des hommes le goût des Lettres , des Sciences & des Arts , & les détournent ainfi de la pourfuite des vains plaifirs.

M. de Méjanes , convaincu de ces vérités , qu'il feroit inutile de développer davantage , a pourvu à ce que fa Bibliotheque ne fût point morcellée , & ne perdît ainfi prefque toute fa valeur littéraire & politique , en déclarant

---

(1) Chacun connoît l'infcription qui étoit fur la porte de la fameufe Bibliotheque d'Alexandrie : Tresor des remedes de l'ame.

dans fon codicille, qu'il vouloit qu'elle fût érigée & *ouverte*
au public dans la ville d'Aix (1).

Ainfi, les difpofitions précifes du Fondateur & l'intérêt
public concourent à repouffer l'idée du partage de cette Bibliotheque entre les trois Départemens du Pays.

D'ailleurs, ce partage, fût-il permis par le Fondateur,
feroit abfurde, en ce que toutes les parties, toutes les fuites
font prefque également néceffaires ; & il n'y en a aucune qui,
quelque complette & nombreufe qu'elle y foit, puiffe être
partagée en trois, ou même en deux, fans perdre la valeur
inappréciable qu'elle tire de fon enfemble.

Ce partage feroit impoffible à bien faire ; car on ne peut
partager des objets indivifibles, auffi effentiels pour l'un des
co-partageans que pour l'autre, fans qu'aucun ne foit léfé. Le
feul moyen de partager équitablement feroit de vendre le
tout ; mais le legs de M. de Méjanes ne peut être vendu,
fi ce n'eft au profit de fes héritiers.

C'eft donc de l'établiffement de cette Bibliotheque & du
foin d'en faire jouir le Public, qu'il eft maintenant convenable de s'occuper. Avant de préfenter mes idées fur ce
fujet, qu'il me foit permis de rappeller quelques faits, dont

---

(1) Voyez le Cahier de l'Affen.blée de 1786, pag. 27.

Messieurs les Administrateurs peuvent n'être pas tous pleinement inftruits.

La Bibliotheque de M. de Méjanes étoit à Arles. Après fa mort , MM. les Procureurs du Pays s'y tranfporterent pour en ordonner la tranflation à Aix , conformément aux difpofitions du défunt. Les tablettes qui les contenoient dans fa maifon faifant corps avec les plafonds , on n'auroit pu les enlever fans caufer de très-grandes dégradations , dont le rétabliffement indifpenfable auroit coûté plus que ne valoient les tablettes ; on y renonça : les livres furent mis dans des caiffes. Il falloit fe preffer , parce que les déplacemens des Adminiftrateurs & autres Officiers d'une Province font fort difpendieux. On ne put confulter , dans l'encaiffement des livres , que l'arrangement mécanique néceffaire , pour que les caiffes fuffent bien remplies.

La Bibliotheque étoit déja très-dérangée. Les domeftiques de M. de Méjanes battoient de tems en tems les livres , par fon ordre , tandis qu'il étoit à Paris , pour les garantir de la pouffiere & des vers. On les defcendoit pour cela au grand air , dans des corbeilles ; on les replaçoit enfuite , fans autre égard pour l'arrangement , que celui de ne laiffer aucun vuide dans les tablettes.

Les caiffes étant arrivées à Aix , les falles de l'Hôtel-de-Ville en furent encombrées. On penfa à s'en débarraffer , & à pourvoir en même tems à la fûreté des livres. On fit des étageres en planches , portées par des piquets bâtis dan s le mur, dans toute l'étendue des deux falles fupérieúres des Archives de la Province. On établit auffi deux grandes étageres ifolées , dans le milieu de la plus grande de ces deux falles, dont on eut foin de foutenir le plancher en deffous , par deux rangées de poutres , placées debout dans la falle inférieure des Archives. Les caiffes furent vuidées , & les livres rangés en piles fur toutes ces étageres , fans aucune efpece d'ordre ; mais de maniere qu'ils y tinffent le moindre efpace poffible. Ainfi , le dérangement, qui avoit commencé dans les tablettes de M. de Méjanes , & avoit redoublé dans l'encaiffement des livres, fut porté à fon comble dans cette derniere opération.

L'Adminiftration m'ayant fait l'honneur de me nommer Sous - Bibliothécaire du Pays , & de me charger en même-tems de faire l'inventaire général de fes livres , dont il n'exiftoit & ne pouvoit exifter de catalogue autentique , je me rendis de Paris , où j'étois alors établi à demeure , en Avril 1787, à Aix, pour commencer ce travail , dont je ne connoiffois pas l'étendue.

Je fus obligé de l'interrompre au bout de trois mois , pour retourner à Paris , où j'avois laiffé toutes mes affaires en fufpens. Je n'y fis pour lors que le féjour néceffaire pour difpofer de mon logement & de mes meubles , dont je ven-

dis une partie , & je fis tranfporter le refte en Provence (1).

A mon retour , je repris la befogne immenfe que j'avois
commencée , & je m'y livrai avec tant d'affiduité , que le
Public , & fur-tout mes Confreres , fe perfuaderent que j'avois
entierement renoncé à l'exercice de la Médecine (2).

Si j'euffe été fans qualité & fans intérêt dans la Bibliotheque , je me ferois contenté de faire dans un regiftre ,
comme on me l'avoit d'abord propofé , un fimple relevé des
livres , à mefure qu'ils fe feroient préfentés ; mais ce regiftre
n'auroit fervi de rien , ni au Pays , ni aux Bibliothécaires ,
ni au Public , par la raifon que les livres étant tous pêle-
mêle dans les falles , & fe trouvant par conféquent infcrits
de même dans le regiftre , il auroit été impoffible d'y en trouver un feul au befoin : la Bibliotheque feroit reftée dans le
cahos , & il auroit toujours fallu en venir à la méthode que
j'ai d'abord mife en ufage.

L'inventaire auquel je travaille , pour être vraiment utile ,
doit fournir les matériaux autentiques du Catalogue métho-
dique , qu'il eft indifpenfable d'avoir dans une grande Bibliotheque.

---

(1) Je n'ai pas befoin de parler des fraix de ce déplacement , & des dommages qu'il me caufa. Il eft facile d'en juger ; & ils font d'ailleurs de notoriété
publique.

(2) Ce fut pour moi un autre préjudice que je n'avois pas prévu.

9

bliotheque. J'ai foin pour cela, de tranfcrire féparément fur des cartes tous les titres des livres, avec affez d'étendue pour qu'il foit facile de les ranger dans un ordre quelconque, & fur-tout de les retrouver au befoin.

Le genre d'occupation, auquel j'étois principalement livré à Paris, m'appelloit fréquemment à la Bibliotheque du Roi (1). J'y apprenois fans m'en douter, & en faifant d'autres études, la méthode que j'ai employée depuis pour débrouiller le cahos de la Bibliotheque de Méjanes. J'y aurois encore appris à me fervir de cartes à jouer pour faire l'inventaire des livres, fi je n'euffe été accoutumé dès ma jeuneffe à en ufer, foit pour faire des notes en tout genre, foit pour dreffer des Tables alphabétiques (2).

En arrivant dans le lieu où font dépofés les livres, je ne trouvai que très-peu d'efpace libre, pour y étaler & démêler plus de foixante mille Volumes, qui bien qu'entaffés fans ordre, formoient une maffe vraiment impofante. Il s'en étoit écroulé dans une nuit un certain nombre d'une des plus hautes planches. A l'aide du Concierge de la Bibliotheque (3),

---

(1) Voyez la Préface du Tome Ier. de mon *Abrégé des Tranfactions Philofophiques*.

(2) Les perfonnes qui ont lu la *Chaffe aux Bibliographes*, ne feront point étonnées que j'entre dans ce détail au fujet des cartes.

(3) C'eft un homme d'un certain âge, parfaitement honnête, & ayant encore toute la force & l'activité néceffaire pour le travail mécanique qu'exigent le déplacement & le replacement fucceffifs des livres fur les étageres.

B

j'étalai ces Volumes fur des tables, & après avoir trié & rapproché les uns des autres ceux qui appartenoient aux mêmes Ouvrages, je commençai l'inventaire par le premier qui fe préfenta.

Je ne pus d'abord en completter aucun. Il auroit fallu, pour y parvenir, étaler à la fois prefque toute la Bibliothè-que, ce qui étoit impoffible. Je me contentai de noter fur chaque carte les Volumes que j'avois trouvés, & d'y laiffer en blanc ceux qui manquoient, pour les y inférer enfuite, à mefure qu'ils me tomboient fous la main.

J'ai fucceffivement ainfi renverfé & vifité toute la Biblio-theque; j'ai raffemblé & enrégiftré tous les Ouvrages en plu-fieurs Volumes, au nombre d'environ trente mille Volumes, & une partie de ceux qui n'en ont qu'un. Le travail qui me refte à faire fera encore long, à caufe du grand nombre de titres qu'il faut tranfcrire, relativement à la maffe des livres. Mais le plus difficile & le plus pénible eft fait; & s'il étoit poffi-ble qu'il y eût aujourd'hui des tablettes prêtes à recevoir les livres, le Public pourroit commencer demain à jouir de la principale partie de ce tréfor littéraire.

Tandis que je dévorois la pouffiere de ces livres, & que je cherchois avec des peines infinies à raffembler les Volu-mes épars, l'Affemblée des Etats de Provence fufpendit les appointemens attachés à ma place. Je ne crus pas devoir interrompre le travail important dont j'étois occupé. Je dis *important* , parce que tant qu'il n'exifte point d'inventaire ou de catalogue autentique de la Bibliotheque , elle n'a , pour ainfi dire , aucune valeur fixe , étant expofée à être dilapidée , fans qu'il foit poffible de s'en appercevoir ; & parce qu'en faifant cet inventaire , j'exerce un miniftere de confiance aveugle & fans bornes , dont je fens toute la valeur , & que je ne cefferai jamais de mériter.

J'ai donc continué à travailler , fans avoir reçu ni dédommagement pour les pertes que mon déplacement & mon changement d'état m'ont fait effuyer , ni gratifications , ni encouragemens , pour la tâche extraordinaire qu'on m'a impofée , & dont j'ai déja rempli une fi grande partie , & fans même toucher depuis deux ans les modiques émolumens attachés à ma place (1).

Je continuerai cette longue & pénible entreprife , tant que le Pays ne me redemandera pas le précieux dépôt qu'il m'a confié , & j'attendrai de la juftice & de la bienfaifance

____

(1) J'avois fans doute autant de droit que qui que ce foit , à obtenir le dédommagement de mes pertes ; & tout travail demandé mérite fon falaire. Après toutes les promeffes de reconnoiffance & de juftice , de la part du Pays ci-devant de Provence , qui m'ont été faites , il fembleroit qu'on eût voulu expreffément mettre mon courage à l'épreuve. Il y réfiftera jufqu'à la fin.

de Meſſieurs les Adminiſtrateurs , le traitement & les dé-
dommagemens qu'ils jugeront convenables.

La conſtruction de tablettes propres à contenir les livres ,
eſt le principal objet dont il paroît maintenant eſſentiel de
s'occuper. On peut les faire de telles dimenſions , qu'elles
puiſſent ſervir dans quelque local qu'on veuille placer un
jour la Bibliotheque.

Des corps de tablettes de ſix pieds de largeur , ſur douze
pieds de haut & quinze pouces de profondeur , contiendroient
chacun , en douze rayons , dont trois pour chaque format ,
environ ſix cens Volumes : ſavoir , 84 in-folio , 124 in-
quarto , 174 in-octavo , & 218 in-douze.

Je ne compte pas les livres de moindres formats , parce
qu'ils ne ſont pas en aſſez grand nombre , relativement aux
autres , pour qu'il ſoit beſoin d'y avoir égard dans le calcul.

En ſuppoſant que le nombre total des Volumes de la
Bibliotheque s'éleve à ſoixante mille , & que les différens
formats s'y trouvent dans la proportion que je viens d'in-
diquer , comme j'ai lieu de le croire , cent tablettes pareilles
en contiendroient la totalité. Il feroit facile dans la ſuite , à
meſure que le nombre s'accroîtra , d'ajouter de nouvelles
tablettes aux premieres. On pourroit même dans tous les
tems doubler les rangs d'in - quarto par des in - octavo &
des in-douze , qui n'empêchent point de voir le titre du dos

des premiers. Mais cet arrangement paroît fujet à un inconvénient grave , qu'on ne pourroit éviter qu'en mettant des portes grillées à toutes les tablettes , ce qui les rendroit beaucoup plus coûteufes. Au lieu que les fix rayons d'in-folio & in-quarto s'élevant jufqu'au-deffus de la portée de la main , on pourra fe difpenfer de faire la dépenfe des portes.

On peut , d'après ces données , calculer les dimenfions que doit avoir l'édifice ou le local qu'on deftinera à la Bibliotheque.

Ce ne feroit peut-être point agir contre les intentions du Fondateur , que d'employer à la conftruction des tablettes , les arrérages du revenu qu'il a attaché à la Bibliotheque & deftiné à l'augmenter à perpétuité. Ces arrérages fe font accumulés depuis quatre ans. La fomme qui en réfulte fuffiroit pour la dépenfe dont je parle. Les tablettes font une partie effentielle de la Bibliotheque : il faudroit feulement qu'une fois qu'elles feroient faites, cé revenu , qui augmentera de moitié au décès de Madame de Méjanes , ne pût plus, fous aucun prétexte, être employé à d'autres ufages qu'à l'achat de nouveaux livres , fous la direction immédiate du Bibliothécaire , conformément aux difpofitions du Fondateur.

On pourroit placer les tablettes , à mefure qu'elles feroient faites, dans les falles mêmes qu'occupent maintenant les livres. Il n'y auroit pour cela qu'à en enlever les armoires qui contiennent une partie des Archives de la Province, & qui peuvent aifément trouver place dans les falles du rez-de-chauffée. L'efpace qu'elles laifferoient, étant rempli par des tablettes, mettroit les livres un peu plus au large, & faciliteroit d'autant le revirement total de la Bibliotheque.

Ces deux falles contiendroient environ cinquante tablettes, des dimenfions dont j'ai parlé, moyennant qu'il en feroit placé deux doubles rangées dans le milieu de la grande falle, au lieu des deux immenfes étageres qui s'y trouvent.

La plus intéreffante partie des livres fe trouveroit ainfi établie & rangée, à l'ufage du Public ftudieux.... Le refte demeureroit empilé fur les plus hautes étageres, qu'on laifferoit fubfifter, en attendant que les circonftances permettent de placer ce tréfor dans un local plus convenable.

Je dois, avant de finir, rappeller à Meffieurs les Adminiftrateurs, que tous les livres appartenant à la Bibliotheque de Méjanes ne font point encore à Aix. Il y en a fix caiffes à Avignon, dans la maifon de Madame de Maffillan, expofés à la pourriture, aux vers, enfin à tous les inconvéniens de la pofition où ils fe trouvent. La difficulté de faire venir ces caiffes en droiture, fans les faire paffer par la Chambre Syndicale de Nîmes, en a retardé jufqu'à préfent le tranfport. On fe flattoit d'obtenir un ordre du Miniftre, qui difpenfât des formalités : cet ordre n'a jamais été obtenu , ni peut-être demandé.

Le dommage qui en réfulte eft d'autant plus confidérable , qu'il peut y avoir dans ces caiffes beaucoup de Volumes fervant de fuite & de complément à un grand nombre d'Ouvrages , qui fe trouvent actuellement incomplets dans la Bibliotheque.

Procès de la v. Bibliothèque
Méjane 1er

.... réclamé par le
Domaine — enfin
communiqué le 21 février/83.

MÉMOIRE

POUR

L'ÉTAT, représentant l'ancienne Province de Provence ;

CONTRE

Les hoirs **DE LAGOY**, *héritiers de* M. *de* MÉJANES *et la ville d'Aix.*

Il est des noms qui se recommandent sans commentaire à la vénération des hommes. Il suffit de les prononcer pour émouvoir de respect les âmes généreuses.

De ce nombre est le nom de *Méjanes*, de ce noble ami des lettres, qui fit don à la Provence, sa patrie, d'un monument littéraire qui compte parmi les plus

précieux, dont s'énorgueillit la France, si riche, pourtant, en monumens de ce genre.

Mais ces grands noms imposent de grands devoirs. Les hoirs de Lagoy, héritiers de M. de Méjanes, ont-ils été fidèles à la mémoire de leur illustre auteur ? Peuvent-ils se refuser à l'exécution complète de ses dernières volontés ? Telles sont les questions du procès.

Voici les faits :

Le marquis de Méjanes, citoyen d'Arles, avait consacré sa vie et sa fortune à la création d'une magnifique bibliothèque, composée de plus de 72,000 volumes. Privé du bonheur d'être père, il destinait à son pays, à la Provence, son héritage littéraire. Il réalisa cette grande et généreuse pensée, par son testament fait à Paris, le 6 mai 1786, et suivi d'un codicille à la date du 18 septembre même année 1786. Les clauses en sont ainsi conçues :

Testament. » Je donne et lègue tous les livres qui
» m'appartiennent tant à Arles, Aix, qu'à Avignon,
» dans la maison de campagne de ma belle-mère et
» à Paris, et enfin toute ma bibliothèque, corps de
» ladite bibliothèque, tablettes et tous les manuscrits,
» *à la province de Provence, pour appartenir à ladite*
» *Province*, sous la direction de messieurs les procureurs
» de ladite Province de Provence et de MM. les syndics
» de la noblesse; sous la condition d'en tenir une biblio-
» thèque ouverte en la ville d'Aix pour l'avantage du
» public, auquel ladite bibliothèque sera destinée, et à
» cet effet, ouverte quatre fois la semaine, matin et
» soir.

» ... Je donne et lègue, en outre, *à ladite province*
» *de Provence,* pour être employé uniquement et in-
» tégralement à l'augmentation de ladite bibliothéque
» et dont l'emploi sera justifié tous les ans par le bi-
» bliothécaire, devant MM. les directeurs qui auront le
» droit de choisir le bibliothécaire ainsi que les garçons
» qui seront destinés pour le service de la bibliothéque,
» 1.° cent quatre-vingt-huit livres de rente sur le
» parlement d'Aix; 2.° quatre-vingt-dix livres de rente
» sur les notaires d'Aix; 3.° trois contrats productibles
» environ de deux cent quatre-vingts livres de rente,
» soit qu'il y ait plus ou moins, que j'ai acquis en
» l'année 1783, de M. Barras, et que je crois être sur la
» la province de Provence; 4.° un contrat au principal
» de 9000 livres, produisant cinq pour cent, qui en
» est dû par M. le marquis de Marignane, par écrit
» sous signature privée; 5.° *et enfin, deux mille livres*
» *de rente perpétuelle que j'entends expressément être exempte*
» *de toute retenue, au principal de 40,000 livres, sur M.*
» *le marquis de Lagoy, mon neveu, et que j'instituerai*
» *après mon héritier et légataire universel, à prendre sur*
» *ce qu'il recueillera de madite institution, de laquelle rente*
» *de 2000 livres, il ne sera toutefois tenu d'acquitter les*
» *arrérages qu'à compter du décès de M.*mc *la marquise de*
» *Méjanes mon épouse; par l'événement duquel décès mondit*
» *héritier se trouvera déchargé des 3000 livres de rente*
» *viagère que je léguerai ci-après à madite épouse. J'entends*
» *que M. le marquis de Lagoy mondit héritier ait la faculté*
» *de rembourser les 40,000 livres principal de cette rente*

« par partie de 10,000 livres qui diminueront d'autant la
« rente. »

Codicille. » En nommant MM. les procureurs de la
» province de Provence et MM. les syndics de la noblesse,
» directeurs de ma bibliothéque, j'ai oublié d'y joindre
» MM. les procureurs nés de la province, d'Aix, et
» j'entends qu'ils partagent avec mesdits sieurs - pro-
» cureurs de la province de Provence et les syndics
» de la noblesse, la surveillance de l'administration de
» ladite bibliothéque.

» Mon intention décisive est que tous les fonds que
» j'ai légué par mon testament pour ma bibliothéque,
» soient employés à l'acquisition de nouveaux livres,
» sans qu'il puisse en être distrait la plus légère somme,
» sous quelque prétexte que ce soit. J'exige expressément
» qu'il soit rendu compte toutes les années de l'emploi
» desdits fonds devant des commissaires qui seront
» nommés par l'assemblée générale de la province et
» que le résultat dudit compte soit imprimé annuel-
» lement dans le cahier de ladite assemblée. »

Non content de ces bienfaits, M. de Méjanes avait
encore déposé entre les mains de M. de Boisgelin,
archevêque d'Aix, 1800 livres d'actions sur la compagnie des Indes, pour être employées à l'augmentation
de la bibliothéque léguée. La rémission de ces rentes
fut faite par l'archevêque d'Aix, aux procureurs du
pays, après la mort du fondateur.

En tout, M. de Méjanes avait légué à la province
4808 livres de rente pour l'entretien littéraire de l'éta-

(5)

blissement qu'il avait fondé. Sur ces 4808 livres, deux mille livres n'étaient payables qu'à la mort de son épouse. C'est à leur occasion qu'est né le procès actuel.

Ce généreux citoyen mourut en 1786 ; et cette même année, M. l'archevêque d'Aix annonça aux états de Provence, réunis à Lambesc (séance du 14 décembre 1786), le don qu'avait fait à sa patrie, M. de Méjanes, et il en proposa l'acceptation.

Le legs fut accepté avec reconnaissance, et l'on peut voir dans *l'abrégé du cahier des délibérations de l'assemblée générale des communautés de Provence*, en 1786, imprimé à Aix, chez David, 1786, in-4.°, combien cette séance des états fut intéressante et solennelle.

Des fonds furent votés pour l'achat et la construction d'un hôtel propre à recevoir la bibliothéque. Un bibliothécaire fut désigné ; ce fut le fameux abbé Rive, et le docteur Gibelin, d'honorable mémoire, lui fut adjoint comme sous-bibliothécaire.

Mais comme les livres étaient épars à Paris, à Avignon, à Aix, à Arles, la réunion de tant de volumes entraîna perte de temps ; et lorsqu'éclata la révolution de 1789, rien n'était encore accompli de ce qui avait été délibéré dans la mémorable séance des états de Provence du 14 décembre 1786. Seulement la remise des 2708 liv. de rente, payables immédiatement après le décès du testateur, avait été effectuée.

Dès 1788, les esprits furent dirigés vers d'autres idées. L'attention publique fut absorbée par les grands événemens dont l'explosion devait changer la face de l'Europe.

Le 4 mars 1790, l'assemblée nationale, *après avoir entendu les députés de toutes les provinces du royaume*, décréta et le Roi voulut que la France fût désormais divisée en quatre-vingt-trois départemens, subdivisés en districts. Alors fut brisée l'ancienne organisation provinciale; alors fut abolie l'ancienne administration de Provence, pour faire place à de nouvelles dignités, de nouvelles divisions, de nouveaux intérêts. La vieille patrie provençale fut fondue dans la grande patrie française.

Le sort de la bibliothéque de M. de Méjanes resta un moment indécis au milieu de ce bouleversement; car la Provence était représentée, d'après la loi du 4 mars 1790, par les trois départemens des Bouches-du-Rhône, du Var et des Basses-Alpes; chacun de ces trois départemens manifestait l'intention d'avoir sa part de la riche bibliothéque léguée à la Provence.

Ce morcellement aurait été déplorable, et la volonté du testateur en eût été blessée. L'opinion se prononça pour la conservation intacte de ce grand monument, et pour sa fixation dans la ville d'Aix, ancienne capitale de la Provence, lieu désigné par le fondateur; d'ailleurs Aix était, d'après la loi du 4 mars 1790, le chef-lieu du département des Bouches-du-Rhône. Cette bibliothéque, magnifique souvenir de l'ancien régime qui tombait, ne pouvait être mieux placée que dans l'ancienne capitale de la province légataire. Les convenances, le testament de M. de Méjanes, prévalurent donc sur toute autre considération.

M. de Lagoy, héritier de M. de Méjanes, se pourvut devant la nouvelle administration départementale pour obtenir son concours de zèle et de bonne volonté, à l'effet d'exécuter à la fois, et les volontés de M. de Méjanes son oncle et la délibération prise par les états en 1786. Il présenta à l'administration du département, un mémoire imprimé en trois pages in-4.º, à Aix, par les frères Mouret, 1790, dont un exemplaire est versé au procès. Loin de songer à exciper du changement d'administration, pour se refuser à l'exécution du legs, M. de Lagoy père en sollicitait au contraire l'entier accomplissement ; il donnait même l'exemple du zèle, de la générosité.

Le gouvernement était trop occupé alors par de trop grandes choses, pour qu'il pût donner ses soins à l'établissement littéraire réclamé avec de si nobles instances. Il y eut nouvel ajournement.

Survinrent les lois du 1.ᵉʳ décembre 1790 et du 17 avril 1791, qui fixèrent le sort futur de la bibliothèque, et lui imprimèrent un caractère qu'elle n'avait pas.

La loi du 1.ᵉʳ décembre 1790, considérant *que le domaine public dans son intégrité et avec ses divers accroissemens, appartient à la nation ; que cette propriété est la plus parfaite qu'on puisse concevoir, puisqu'il n'existe aucune autorité supérieure qui puisse la modifier ou la restreindre ; que la faculté d'aliéner, attribut essentiel du droit de propriété, réside également dans la nation......, décrète...... art. 8. Les domaines nationaux et les droits qui en dépendent sont et demeurent inaliénables sans le consentement et le concours de la nation ; mais ils peuvent être vendus et aliénés à titre perpétuel et incommutable, en vertu d'un décret formel du corps législatif, sanctionné par le Roi, en observant les formalités prescrites pour la validité de ces sortes d'aliénations.*

La loi du 17 avril 1791 fut ainsi conçue.

Art. 1. *Il sera incessamment procédé à la liquidation des dettes des ci-devant pays d'états qui doivent être à la charge de la nation.*

Art. 2. *Sont réputées dettes des pays d'états à la charge de la nation, toutes celles qui ont été autorisées dans les formes ci-devant prescrites et usitées dans les différentes provinces, ou reconnues lors des réunions des différentes provinces du royaume.*

Art. 3. *Les ci-devant trésoriers et receveurs des pays d'états seront tenus de remettre, sans délai, aux commissaires nommés par les départemens desdits pays, en exécution du décret du 22 décembre dernier, un état exact desdites dettes et des intérêts qui leur sont alloués ; et lesdits commissaires seront également tenus de certifier lesdits états et de représenter les délibérations, titres et pièces qui ont autorisé les emprunts.*

Art. 4....

Art. 5....

Art. 6. *EN CONSÉQUENCE DES ARTICLES CI-DESSUS, TOUTES LES PROPRIÉTÉS, TANT MOBILIÈRES QU'IMMOBLIÈRES, APPARTENANT AUX CI-DEVANT PAYS D'ÉTATS, A TITRE COLLECTIF, SERONT DÉCLARÉES DOMAINES NATIONAUX.*

Il résultait de ces deux lois combinées, 1.º que la bibliothéque léguée à la province, devenait propriété nationale ; 2.º qu'elle était inaliénable à cause de sa nature domaniale ; 3.º que les rentes léguées par M. de Méjanes et livrées après son décès, devenaient également

une propriété nationale et domaniale ; 4.º que les quarante mille francs qui n'étaient payables qu'au décès de
madame de Méjanes, étaient aussi tombés dans la propriété domaniale ; 5.º que l'État, à l'égard de toutes ces
rentes, était assujetti aux charges imposées à l'ancienne
Provence. On pouvait cependant craindre que les rentes
livrées après la mort de M. de Méjanes ne fussent frappées
d'une confiscation pure et simple. Elles furent, en effet,
confisquées en 1792.

Cependant une grande partie des livres de M. de
Méjanes était arrivée à Aix. On les avait déposés dans
les combles de l'hôtel-de-ville. Il est inutile de raconter
les dangers que courut cette immense collection pendant
le désordre révolutionnaire. Il est inutile aussi de
raconter le zèle de quelques bons citoyens pour sauver de
la destruction ce riche dépôt des connaissances humaines.

Ce ne fut qu'en l'an 14, qu'une administration réparatrice put concevoir l'espérance de réaliser enfin
le vœu de M. de Méjanes. Le gouvernement était trop
obéré pour se livrer aux dépenses que devait entraîner
l'exécution de la délibération des états de Provence, du
14 décembre 1786 ; la municipalité d'Aix prit une honorable initiative. Aix devait être la ville dépositaire de
la bibliothèque nationale de Méjanes ; elle avait un haut
intérêt moral à jouir bientôt de ce monument. Voici le
biais qui fut pris pour arriver à ce résultat si heureux
pour les lettres.

Un arrêté des consuls du 8 pluviôse an XI contenait
les dispositions suivantes :

Art. 1.ᵉʳ *Immédiatement après l'organisation des lycées , les bibliothéques des écoles centrales sur lesquelles les scellés auront été apposés seront mises à la disposition et sous la surveillance de la municipalité.*

Art. 2. *Il sera nommé par ladite municipalité, un conservateur de la bibliothéque dont le traitement sera payé aux frais de la Commune.*

Art. 3. *Il sera fait de tous les livres de la bibliothéque, un état certifié véritable, dont le double sera envoyé au ministre de l'intérieur, par le préfet du département.*

La ville d'Aix offrant de faire les frais d'établissement et d'entretien d'un monument qui devait donner du lustre à la cité, on imagina de ranger la bibliothéque de Méjanes, renfermée depuis près de vingt ans dans des caisses, dans la catégorie des bibliothéques d'écoles centrales, pour éviter les embarras et les difficultés insurmontables qu'aurait présenté la disposition régulière de cette propriété nationale. M. Thibaudeau se prêta à l'accomplissement de cette fraude littérairement pieuse. L'État ne pouvait pas pourvoir aux frais de l'établissement et de l'entretien de la bibliothéque. Une ville, généreusement administrée, cherchait à atteindre ce but, à l'exécution duquel les lettres avaient un si haut intérêt. Il était sage de fournir à cette ville, les moyens qui lui manquaient par la rigueur du droit. L'administrateur engageait sa responsabilité personnelle, mais les circonstances pouvaient le faire absoudre. D'ailleurs, on ne pouvait pas trouver là une aliénation du domaine public.

En conséquence, et le 6 vendémiaire an 14, M. le

sous-préfet d'Aix reçut de M. le préfet Thibaudeau , la lettre suivante qui est la décision en vertu de laquelle la ville d'Aix administre la bibliothéque de Méjanes.

Le conseiller d'état, préfet du département des Bouches-du-Rhône, commandant de la légion d'honneur, à monsieur le sous-préfet du deuxième arrondissement, à Aix. — » Je viens
» de recevoir, Monsieur, une lettre de son excellence le
» ministre de l'intérieur, en date du 29 fructidor dernier,
» par laquelle il m'annonce qu'en vertu de l'arrêté du 8
» pluviôse an XI, la bibliothéque léguée aux états de
» Provence par M. de Méjanes, est mise à la disposition
» et sous la surveillance du corps municipal de la ville
» d'Aix, à la charge par la Commune de pourvoir aux
» frais d'entretien; que le Maire peut donc, dès à présent,
» prendre les mesures qu'il croira nécessaires pour qu'une
» aussi riche collection cesse de rester inutile, et pour
» que le public n'en soit pas plus long-temps privé.

» Qu'à l'égard des rentes qui ont été aliénées en 1792,
» le gouvernement ne peut faire droit à la demande
» en restitution, attendu que la loi du 17 avril 1794
» déclare domaines nationaux, toutes les propriétés tant
» mobilières qu'immobilières, appartenant à titre collectif
» aux ci-devant pays d'état.

» Je vous invite à donner connaissance de ces dispo-
» sitions au maire de la ville d'Aix et à l'inviter à accélérer
» l'époque de l'ouverture de cette bibliothéque au public. »

Cette détermination ministérielle a peut-être sauvé une des plus belles bibliothéques du royaume ; il est juste d'en rapporter l'honneur à l'administration municipale de la ville d'Aix. Dès ce moment, des hommes dévoués au culte des lettres, des citoyens dignes de l'éternelle reconnaissance de la postérité, et dont nous avons ailleurs consacré le souvenir (1), donnèrent tous leurs soins au débrouillement, à l'investigation et au classement de cette immense quantité de livres entassés pêle-mêle.

Mais malgré leur empressement, la bibliothéque ne put être ouverte au public qu'en l'année 1810. Ce fut une touchante solennité. L'ombre de Méjanes dût être appaisée. Ses traits, conservés par Houdon, furent exposés à la vénération publique. Un pénible souvenir se mêla pourtant à cette joie, car aucune espérance n'était ouverte pour le recouvrement des rentes perdues dans le grand naufrage de la révolution. Il faut se hâter cependant de le dire, le gouvernement dédommagea de cette perte, par des dons considérables, un établissement auquel, sous tous les régimes, depuis 1810, l'administration supérieure a constamment donné des preuves d'une faveur spéciale.

La veuve de l'illustre Méjanes est décédée en 1827, et sa mort a ouvert le droit de réclamer les quarante mille francs qui n'étaient payables qu'au décès de madame de Méjanes et dont cette dernière avait l'usufruit. L'administration municipale d'Aix s'occupa, dès l'année 1828, de faire obtenir à la bibliothéque le recouvrement de ces 2000 fr. de rente, dont la prestation est devenue une question de vie ou de mort pour l'établissement. En effet, on comprend facilement que malgré les dons

---

(1) Voyez la notice sur M. le docteur Gibelin, par M. Giraud.

annuels faits à la bibliothéque, malgré les secours que
fournit la ville d'Aix, cette collection est restée bien
en arrière de l'état actuel des sciences historiques et
littéraires. Il est des parties même qui n'offrent qu'une
nudité déplorable, à côté des richesses de certaines
autres branches de la littérature, des sciences et des
arts.

M. de Lagoy, père des héritiers contre lesquels nous
plaidons, opposa quelque hésitation à la demande qui
lui fut adressée en payement de ce legs de 40,000 fr. qu'il
était chargé d'acquitter aux termes du testament qui
lui avait conféré le titre honorable d'héritier de M. de
Méjanes.

Les choses en étaient là, lorsqu'éclata la révolution
de 1830. Le 21 avril 1832, la commune d'Aix assigna
directement les hoirs de Lagoy, en payement du legs
de 40,000 livres. Cet acte était louable, quant à l'intention, mais il prouvait plus de zèle que de droite
raison. En effet, il était évident que la commune
d'Aix était sans qualité pour représenter le corps moral
de l'ancienne Provence, auquel le legs avait été fait,
et qui n'avait pas eu la cité d'Aix, mais la France
elle-même, mais le domaine national pour successeur.

La ville d'Aix parut reconnaître elle-même son erreur,
lorsque le 1.ᵉʳ septembre 1832, elle appela en cause
l'État, représenté par M. le préfet des Bouches-du-Rhône
et l'administration des domaines.

L'habile fonctionnaire qui administre le département
des Bouches-du-Rhône, provoqua une décision du conseil
d'État sur la question de savoir : 1.° A qui la rente était

due, de la ville d'Aix où du domaine. 2.° Si la rente avait été purement confisquée ou bien si l'État, subrogé aux droits de l'ancienne Provence, était aussi subrogé pour l'avenir aux obligations imposées par le testament de M. de Méjanes.

Cette dernière question entraîna une sérieuse discussion et plusieurs domanistes éclairés et aux lumières desquels toute la France rend hommage, émettaient une opinion contraire à celle que semblait imposer la considération de la volonté du testateur et de l'intérêt des lettres.

Enfin, le 5 novembre 1832, le conseil d'État donna un avis favorable à la bibliothéque et dans lequel la ville d'Aix aurait pu trouver la juste mesure de son intérêt moral et de son intérêt matériel et légal dans le procès. Voici le texte de cet avis :

» Considérant que si par l'arrêté du 29 fructidor an
» 15, la ville d'Aix a été mise en possession de la
» bibliothéque de M. de Méjanes, cet arrêté ne l'a point
» investie en même temps de la propriété des diverses
» rentes destinées à l'acquisition de nouveaux livres
» pour l'augmentation de cette bibliothéque *et que cette*
» *ville est, par conséquent, sans qualité pour réclamer des*
» *héritiers de Lagoy, le payement de ladite rente.*

» Que l'article 6 de la loi du 12-17 avril 1791 ayant
» déclaré domaines nationaux toutes les propriétés tant
» mobilières qu'immobilières des ci-devant pays d'État,
» l'État peut seul revendiquer la rente devenue exigible
» par le décès de madame de Méjanes, mais que l'État
» ayant, aux termes de ladite loi, succédé aux dettes
» et aux charges en même temps qu'aux biens des ci-

» devant pays d'État, et le legs de 2000 fr. de rente
» n'ayant été fait par M. de Méjanes qu'à la condition
» de l'employer uniquement et intégralement à l'acqui-
» sition de nouveaux livres destinés à l'augmentation
» de sa bibliothéque, l'État en recueillant le legs ne
» saurait se dispenser d'accomplir ladite condition ;

» Qu'il ne résulte pas de ladite obligation que l'État
» soit sans intérêt pour revendiquer à cette condition
» ladite rente, et que s'il n'apparaît pas d'un intérêt
» pécuniaire actuel et immédiat, l'État ne doit pas
» moins réclamer cette propriété dans l'intérêt public
» et dans celui des lettres, sauf à prendre ensuite avec
» la ville d'Aix, tels arrangemens qui pourront paraître
» convenables ;

» *Est d'avis*, qu'il y a lieu de la part de M. le Ministre
» des finances de prescrire à l'administration des do-
» maines de comparaître sur l'assignation donnée à
» l'État, par la ville d'Aix, pour soutenir qu'à l'État
» seul appartient le droit de revendiquer la rente de
» 2000 fr. et en même temps d'introduire une demande
» principale en payement de ladite rente contre les
» héritiers de Lagoy, sauf à prendre ensuite, de concert
» avec M. le Ministre de l'instruction publique, telles me-
» sures qui paraîtront convenables, à l'effet d'accomplir
» les conditions imposées par la volonté du testateur. »

En conformité de cette décision, l'état introduisit,
contre les hoirs de Lagoy, une demande principale, le
24 décembre 1832. Le tribunal prononça un jugement
de jonction le 21 mai 1833.

Il y eut donc dès lors trois parties au procès. 1.º L'État

qui réclamait l'adjudication de la rente, sous la condition d'en faire l'emploi désigné par le fondateur. 2.° La ville d'Aix qui, dans le texte signifié de ses conclusions, continuait à soutenir qu'elle avait qualité pour revendiquer les 40,000 fr. en litige ; mais qui modifiant, par la plaidoirie, ses conclusions premières, reconnaissait le droit de propriété domaniale, en vertu duquel agissait l'État, et soutenait néanmoins qu'à elle, cité d'Aix, appartenait l'usufruit de la fondation de M. de Méjanes, et par conséquent, l'administration et la perception directe de la rente. 3.° Enfin, la troisième partie au procès, c'étaient les hoirs de Lagoy qui prétendaient ne rien devoir à personne.

L'État avait donc deux adversaires. Le premier était l'hoirie Lagoy, le second, la ville d'Aix.

L'hoirie Lagoy soutint d'abord contre nous par des conclusions signifiées, que le legs de 40,000 fr. était caduc : 1.° pour défaut de qualité dans l'état se disant successeur de la Provence; 2.° pour inaccomplissement des conditions.

L'État justifiait d'abord sa qualité de représentant de la Provence, et quant au second moyen, il disait à l'hoirie de Lagoy : attendez que j'aie pris jouissance du legs, pour me reprocher d'avoir inobservé les conditions dont il est grévé. Je reconnais l'obligation d'emploi, c'est tout ce que vous pouvez exiger pour le moment. Votre querelle sur ce point est donc évidemment anticipée.

Alors les hoirs de Lagoy se ravisèrent. Ils voulurent se donner un mérite de générosité qui manquait à la fois et à leur système de défense et à leur pensée véritable. Ils firent signifier de nouvelles conclusions après notre plaidoirie , et ils soutinrent, indépendamment du défaut de qualité , que la perte des rentes qui avaient été livrées à la province à la mort de M. de Méjanes, et aliénées en 1792, nous constituait dans le cas d'inaccomplissement des conditions et de caducité du legs; et ils ajoutaient : restituez à la bibliothéque la rente de 2808 f. qui a été perdue dans le naufrage révolutionnaire , payez-en tous les arrérages , justifiez de leur emploi à l'augmentation de cet établissement, et nous déclarons que nous sommes prêts à vous payer pour l'avenir les 2000 fr. de rente que vous réclamez.

Tels sont les derniers erremens de la cause. La discussion va éclairer nos juges.

Première partie. — *L'hoirie Lagoy.*

L'objection par laquelle cette hoirie prétend repousser notre demande , comprend , 1.° le défaut de qualité de l'État ; 2.° la question de caducité par inaccomplissement des conditions du legs.

§. I.er

Défaut de qualité.

Voici comment cette première objection est proposée. Le legs de 40,000 fr. a été fait à la province de Provence pour être administré par les procureurs de la province et les syndics de la noblesse. Voilà la personne morale

à qui le legs fut fait. Voilà quels devaient en être les administrateurs.

Or, cette personne morale a cessé d'exister le jour où les provinces furent détruites pour être remplacées par des départemens ; à dater de ce jour, il n'y a plus eu de province de Provence ayant une existence indépendante et distincte du reste de la France ; il n'y a plus eu que des départemens, confondus dans l'universalité du pays et n'ayant plus d'existence propre et indépendante. Or, ces départemens ainsi confondus dans le corps du pays, peuvent-ils se dire les représentans et les successeurs d'un corps qui avait au contraire une existence indépendante du pays ? Évidemment non. Le domaine de l'État qui s'est emparé de toutes les propriétés des anciennes provinces, est-il mieux leur représentant et leur successeur ? Non, car il est impossible de diviser ce domaine en diverses personnes morales, représentant chacune des anciennes provinces divisément et individuellement. Le domaine n'est que l'agrégation de tous les intérêts dits nationaux ; mais par cela même qu'il représente l'universalité de ces intérêts pour tous le pays, il est impossible de voir en lui le successeur et le représentant d'une portion distincte et séparée de l'ancienne France.

Si donc l'ancienne Provence a cessé d'exister, si avec elle ont cessé d'exister les personnes publiques préposées à l'administration du legs, si les départemens ni les domaines ne représentent pas cette ancienne province, en quelle qualité peuvent-ils réclamer le legs fait à celle-ci ?

Voilà l'objection ; voici comment nous y répondons.

Nous aurons à prouver qu'en thèse générale et légalement, l'ancienne province de Provence, en cessant de conserver ce nom, à eu un successeur véritable, quant à son administration et quant à ses biens; que ce successeur a été, quant aux biens, le domaine de l'État, qui a, par conséquent aujourd'hui, qualité pour intenter toutes les actions relatives à ces biens.

Nous aurons à prouver ensuite que dans l'espèce particulière, il n'existe aucune raison pour empêcher l'application du principe général.

Et d'abord, qu'était-ce que l'ancienne Provence?

Pendant long-temps la Provence, sous un souverain particulier, avait formé un état séparé et indépendant. Cet état de choses finit à l'extinction de la maison d'Anjou, dernière dynastie souveraine de Provence. Le dernier prince de cette maison, Charles III, légua la Provence au Roi de France, et voici en quels termes Charles VIII, par lettres-patentes, proclama la réunion des deux pays : « Le comté de Provence et de Forcalquier
» et les terres adjacentes sont unies à la France, sans
» que à icelle couronne ne au royaume ils soient pour
» ce aucunement subalternés pour quelque cause que
» ce soit, sans aucunement préjudicier, ni déroger à
» leurs priviléges, libertés, franchises, conventions, lois,
» coutumes, droits, statuts, avec promesse et serment
» de les garder, observer et entretenir perpétuellement. »

Ce fut dans les mêmes termes et sous les mêmes conditions, que les états de Provence ratifièrent cette union dans leur assemblée du 9 avril 1487. Ce fut comme un contrat synallagmatique qui se formait entre le Roi

de France et le peuple de Provence ; et Mirabeau a pu
dire avec raison : » Je ne vois le titre de notre union
» à la couronne de France, que dans l'élection libre
» faite par un peuple qui use de ses droits. »

Sans entrer dans le détail de ce qu'étaient ces priviléges et libertés que la royauté de France promettait
de respecter, il suffit d'énoncer que le plus important
de ces droits était celui de ne pouvoir être soumis à des
taxes, qu'autant qu'elles auraient été votées par l'assemblée
des états du pays. La Provence avait de plus, comme
chaque province, un gouverneur particulier, qui était
remplacé ou représenté par d'autres fonctionnaires dont
il serait inutile de donner la nomenclature.

En un mot, la Provence avait une constitution administrative particulière et distincte de celle des autres
provinces de la monarchie française. Voilà ce qu'elle
était sous le rapport administratif.

En cette qualité de corps moral, elle possédait des
biens comme en possédaient et en possèdent encore
toutes les agrégations de personnes ; pour ces biens,
la Provence, représentant ses habitans, avait comme une
existence individuelle.

Tel était l'état des choses en 1789, lorsque les états
généraux du royaume furent convoqués.

La Provence, comme toutes les autres provinces de
France, envoya ses députés à cette assemblée. On sait
que ces députés étaient le produit d'une élection faite
sur la base la plus large, et quels immenses pouvoirs
ils avaient reçus pour réformer la constitution du pays.

Les états généraux se rassemblèrent, devinrent l'assemblée constituante, et c'est pendant l'existence de cette assemblée, que se consomma le changement qui sert de texte à l'argumentation des adversaires.

Le 4 mars 1790, l'assemblée rendit une loi par laquelle la France fut divisée en quatre-vingt-trois départemens; à dater de ce jour, les anciennes dénominations des provinces cessèrent d'exister, et leur circonscription territoriale fut changée. Toutefois, la loi ajouta, art. 4:
« La division du royaume en départemens et districts
» n'y est décrétée, quant à présent, que pour l'exercice
» du pouvoir administratif, et les anciennes divisions
» relatives à la perception des impôts et au pouvoir
» judiciaire, subsisteront jusqu'à ce qu'il en ait été
» autrement ordonné. »

Arrêtons-nous un moment pour voir comment fut opéré ce changement, et quels peuvent en avoir été les effets légaux.

La suppression du nom de province, la substitution de celui de département, la nouvelle circonscription, tout cela fut opéré par la volonté libre, spontanée des représentans légaux de chaque province de France, élus par le suffrage de tous les citoyens, investis des pouvoirs les plus étendus; et, chose remarquable dans cette cause, cette résolution fut prise sur la proposition d'un député de la Provence, l'abbé Siéyes.

Ce fut de la part des représentans du pays un acte de souveraineté législative, par lequel ils voulurent modifier le régime administratif et la division territoriale du pays. Ce changement fut fait librement, sans violence ni coaction, et dans les formes les plus légales.

Ce fut, en quelque sorte, le corrélatif de l'acte d'union de la Provence à la France. Par le premier acte, la Provence avait stipulé sa réunion à certaines conditions. par le second, elle modifiait elle-même ces conditions, Auparavant elle était unie à la France par une espèce de lien fédéral, elle voulut remplacer la fédération pa l'unité. Mais il n'y eut pas dans cet acte, comme on l'a prétendu, subalternation de la Provence à la France. Subalternation ! mais en quoi eût-elle consisté ? Les représentans de la Provence siégeaient à l'assemblée nationale, sur le pied de l'égalité avec ceux de toutes les provinces de France ; leur vote pesait du même poids dans la balance du scrutin ; où est donc la su-balternité ? Autant vaudrait dire que la Bourgogne, le Languedoc, etc., etc., furent subalternés aussi à la Provence, puisque les députés de Provence votaient les lois qui devaient régir ces autres provinces ; elle eut donc gagné d'un côté en puissance, ce qu'elle perdait d'un autre. C'est qu'en réalité, il n'y eut subalternation pour aucune partie du territoire français ; les députés de tous les pays entrèrent dans l'assemblée au même titre et avec les mêmes droits. Entrés dans l'assemblée et stipulant pour leurs commettans, ils ont pu, ainsi qu'ils en avaient reçu mandat, rectifier la constitution du pays, ainsi qu'ils l'ont cru utile au bien général ; ils ont pu remplacer une organisation administrative par une autre ; transporter à cette nouvelle adminis-tration les droits et les pouvoirs de l'ancienne.

C'est ce qui fut fait par la loi de 1790. L'effet de cette loi, fut comme nous venons de le dire, de transporter aux administrations qu'elle créait, chacune dans sa circonscription, les pouvoirs et les droits des anciennes administrations ; de donner, en un mot, à celles-ci un successeur, un représentant légal. Voilà ce qu'elle opéra sous le rapport administratif.

Mais quant aux intérêts privés des provinces, quel pût être l'effet de la loi ?

Y eût-il une atteinte quelconque portée aux droits privés des divers corps moraux dont le nom venait d'être changé ? Ces droits furent-ils anéantis en tout ou en partie seulement ? Évidemment rien de pareil n'eut lieu. Qu'on relise la loi du 4 mars 1790, et l'on y verra que la nouvelle division n'était décrétée que pour l'exercice du pouvoir administratif. Mais les propriétés des provinces ; mais leurs droits tant actifs que passifs en est-il question dans la loi ? Sont-ils l'objet de quelque résolution ? Nullement. Ces propriétés, ces droits, continuèrent donc à subsister comme par le passé. Et comme il n'y avait de changé qu'un nom et des limites, ils restèrent attribués à cette agglomération de population et d'intérêts qui s'était appelée Provence, et qui pour avoir changé de nom, n'avait pas changé de nature. C'est qu'en effet, ce n'était pas sur le nom du pays que résidaient les droits, mais sur les personnes et les intérêts que ce nom représentait, et que ces personnes et ces intérêts n'avaient pas péri, ne pouvaient pas périr et continuaient à être représentés par la nouvelle personne morale que la loi avait créée. Aussi qu'on voie ce qui s'est fait dans la pratique à cette époque. Les actions qui avaient d'abord été exercées contre les provinces continuèrent à l'être contre les départemens, et réciproquement les départemens continuèrent à exercer les droits des provinces. Que l'on remarque, entre autres, cette circonstance que nous avons consignée dans l'exposé des faits, qu'à la promulgation de la nouvelle organisation administrative, chacun des départemens formés de la Provence réclama sa part de la bibliothéque Méjanes. Et que cette bibliothéque resta au département des Bouches-du-Rhône et fut établie à Aix, *du consentement et sur la provocation de l'héritier de M. de Méjanes.*

C'est que, comme nous l'avons dit, la nouvelle organisation administrative et territoriale, n'avait en rien changé les droits privés des provinces ; que ces droits avaient été conservés par la collection de personnes et d'intérets, qui les avaient auparavant possédés sous un autre nom.

Voilà en raison et en droit quels devaient être les effets de la loi du 4 mars 1790 ; voilà quels ils furent alors reconnus dans la pratique.

Mais il y a plus, et cette opinion va avoir la sanction toute puissante de l'autorité législative.

La nouvelle division administrative avait pour but de donner à la France cette unité d'action qui a produit depuis de si grands, de si admirables résultats. Pour compléter les effets de la loi de 1790, il devint nécessaire de statuer sur les biens des ci-devant provinces, sur lesquels la loi de 1790 n'avait rien prononcé.

En conséquence, le 17 avril 1791, fut rendue une loi dont nous avons déjà cité textuellement plusieurs

dispositions dans l'exposé des faits, et dont nous ne rappellerons ici que l'article 6, ainsi conçu : « En conséquence des articles ci-dessus, toutes les propriétés, tant
» mobilières qu'immobilières, appartenant aux ci-devant
» pays d'état à titre collectif, sont déclarées domaines
» nationaux. »

Voilà, ce nous semble, une disposition de la loi tellement formelle, tellement explicite, qu'elle tranche désormais toute controverse.

Évidemment jusque-là, il n'y avait eu rien de changé quant aux droits privés des provinces, évidemment ces droits avaient continué de subsister sans diminution, ni altération, puisqu'il fut nécessaire de rendre une loi, qui statuât sur l'état de ces biens. Et que fait cette loi ? elle transporte au domaine de l'État, tout ce qui avait été du domaine privé de chaque province ; elle investit donc le domaine de l'État de tous les droits et actions qui avaient appartenu aux provinces ; en un mot, elle institue le domaine de l'État, successeur et représentant du domaine particulier de chaque province. Il est donc bien vrai qu'en principe général, le domaine de l'État a aujourd'hui qualité pour intenter toutes les actions qui auraient pu compéter à la province. D'où l'on voit que l'objection des adversaires est sans portée, qu'il importe peu que le legs ait été fait à une province ayant eu un nom, une administration et un domaine distincts et particuliers, puisque cette province a eu un représentant légal qui a été et qui est encore investi de tous ses droits.

Voilà, nous le répétons, ce qui est vrai en thèse

générale et ce qui sera vrai dans l'espèce particulière, s'il n'y a pas de motif spécial à la cause qui puisse faire décider le contraire.

Et c'est ici que nous allons repousser, sous un autre point de vue, l'objection des adversaires.

Nous comprendrions que l'on pût soutenir que le domaine de l'État est aujourd'hui sans qualité pour réclamer le legs fait à la Provence, s'il apparaissait que l'intention du testateur a été de ne faire ce legs à la Provence, qu'à la condition qu'elle conserverait ce nom et son administration séparée et son domaine distinct, faute de quoi le legs accroîtrait à l'héritier institué.

S'il en était ainsi, nous pourrions comprendre l'objection des adversaires. Mais en est-il ainsi? il est facile de démontrer que non. Et pour cela, nous nous appuyerons sur l'intention du testatateur, manifestée bien clairement dans son testament, et sur l'interprétation donnée à ce testament par le père même de nos adversaires.

Voici, en effet, ce que porte ce testament. « Je donne
» et lègue tous les livres qui m'appartiennent..... à la
» province de Provence, pour appartenir à ladite pro-
» vince, sous la condition d'en tenir une bibliothéque
» ouverte en la ville d'Aix, *pour l'avantage du public,*
» *auquel ladite bibliothéque sera destinée,* et à cet effet,
» ouverte quatre fois la semaine, matin et soir. »

Les autres legs ne sont que l'accessoire de ce legs principal, car ils ont pour objet son entretien et son accroissement. « Je donne et lègue, en outre, à ladite
» province de Provence, pour être employé uniquement

» et intégralement à l'augmentation de ladite biblio-
» thèque, etc. » Suit le détail des sommes au nombre
desquelles se trouve le legs aujourd'hui réclamé.

Que ressort-il évidemment de ces dispositions et des
termes dans lesquels elles sont énoncées ? Il en ressort
que le legs de la bibliothèque et les autres legs accessoires
n'étaient pas faits à la Provence, parce qu'elle avait une
constitution administrative distincte, un domaine distinct ;
mais bien au contraire que le legs était fait à la collection
de personnes que le nom de Provence résumait. Le legs
est fait, ce sont les termes même du testateur, *pour
l'avantage du public auquel ladite bibliothèque sera destinée.*
Voilà le personnage collectif au profit de qui le legs a
été fait, c'est le public. Or, ce public ne meurt pas, il
ne cesse pas d'exister, soit que le pays qu'il habite s'appelle
province ou département. Et l'intention du testateur
sera remplie, lorsque le pays pourra profiter de son
legs, quelle que soit sa dénomination administrative et
sa constitution ; que si le testateur s'est servi, pour
désigner son légataire, du nom de province de Provence, c'est qu'il ne pouvait pas faire autrement, puisque
c'était ce nom seul qui, au moment du testament représentait ce pays, ce public au profit de qui le legs était
fait. Que si encore le testateur a désigné, pour surveiller
la bonne administration de la chose léguée, des fonctionnaires dont la dénomination a été changée, et d'autres
dont la qualité n'existe plus, il ne s'ensuit de là, ni
révocation, ni annulation du legs, ni défaut de qualité
aujourd'hui dans le domaine de l'État et dans les autorités qui ont remplacé les procureurs de la province

et de la ville d'Aix. Car il en est ici, comme dans ce que
nous venons de dire au sujet du nom du légataire ;
il faudrait prouver que, dans l'intention du testateur,
le legs ne devait avoir effet qu'autant qu'il pourrait être
administré par les procureurs du pays et les syndics
de la noblesse. Or, les termes du testament démentent
une pareille supposition. Il importait peu ; en effet,
au testateur, que les autorités publiques, chargées de
surveiller l'administration de la chose léguée, s'appelassent
procureurs du pays ou préfet ou maire ou conseil municipal ; ce qu'il a voulu, c'est que l'autorité préposée
à l'administration des intérêts publics, fût chargée de
l'administration et de la surveillance d'un legs qu'il
faisait au public. Sur ce point, son intention a été et
sera encore religieusement observée. Et encore une fois,
si dans son testament il s'est servi des dénominations
de procureurs du pays et de syndics de la noblesse, c'est
qu'il fallait bien qu'il désignât par leur nom actuel, les
autorités publiques.

Ainsi donc il est bien évident, d'après les termes du
testament et l'intention du testateur, telle qu'elle ressort
de ce testament, qu'aucune circonstance particulière à
la cause actuelle ne s'oppose à ce qu'il y soit fait application du principe général qui est que le domaine de
l'État est aujourd'hui le successeur, le représentant légal
des provinces.

Mais peut-être avons-nous mal interprêté le testament
et l'intention du testateur. Toutefois, s'il pouvait rester
encore le moindre doute, voici de quoi le faire disparaître.

En 1790 et postérieurement à la loi qui avait changé la division territoriale du royaume et remplacé les provinces par des départemens, parut à Aix un mémoire imprimé chez Mouret et publié par M. de Lagoy, père de ceux contre qui le domaine plaide aujourd'hui. Voici ce qu'on y lisait : » Monsieur de Meyran-Lagoy, héritier » institué de M. de Méjanes, son oncle maternel, est » également obligé par la loi et par le respect qu'il doit » à sa mémoire de procurer l'exécution de son testament » et codicille.

» L'une des dispositions qui tenait le plus audit tes » tateur était l'établissement de sa bibliothéque publique » à Aix, sous la direction de l'administration générale » du pays. »

M. de Meyran-Lagoy relate ensuite les dispositions du testament, et plus bas, il ajoute : » Il est temps enfin, » que la dernière volonté de M. de Méjanes et l'accep » tation du legs et l'engagement contracté, aient leur » pleine et entière exécution.

» M. de Meyran l'a déjà observé, il est obligé de ré » clamer l'exécution de la délibération de l'assemblée de » 1786, du testament et codicille de M. son oncle. Il » peut se permettre de dire qu'en exécutant lui-même » ce codicille dénué de toutes les formalités légales, il » a donné un témoignage éclatant de son respect pour » la mémoire du testateur, et de son zèle pour le public. » Les états du pays en 1789, en portèrent leur jugement, » en disant : *que le pays était redevable à M. de Meyran,* » *pour la manière parfaitement honnête avec laquelle il s'était* » *prêté à assurer la jouissance du legs.* »

» M. de Meyran espère et se flatte qu'il sera également
» accueilli par le département, dans une demande com-
» mandée par la loi, inspirée par le zèle pour l'utilité
» publique, étayée de deux délibérations. »

Et plus bas on lit : *Nota.* » M. de Meyran a eu l'honneur
» d'écrire à messieurs du département et de leur annoncer
» la présentation de ce mémoire qui sera faite à tous
» ses membres ; il a eu le même honneur à l'égard de
» MM. du district et de MM. de la municipalité d'Aix. »

Voilà ce que le père de M. de Lagoy écrivait et im-
primait en 1790. Voici ce qu'il écrivait, trente-huit ans
plus tard, lorsque la mort de madame de Méjanes,
arrivée en 1827, eut réalisé le terme qui rendait exigibles les intérêts des 40,000 fr. Le 10 mai 1828, il
écrivait de Paris à M. le Maire d'Aix :

» Je me suis occupé activement depuis que je suis
» ici de la question relative aux 40,000 fr. légués par
» mon oncle de Méjanes aux états de Provence.... Il
» s'agissait d'abord de savoir quel était aujourd'hui le
» véritable légataire, et si la ville d'Aix était fondée
» à réclamer ce legs. *Il a été décidé par tous les juris-*
» *consultes, conseillers d'État, ministres, etc., qui ont pris*
» *connaissance du testament, que ni la ville, ni le dépar-*
» *tement ne pouvaient représenter le légataire, c'est-à-dire,*
» *les états de Provence ; la loi du 17 avril 1791 ayant*
» *déclaré* DOMAINES NATIONAUX *toutes les propriétés*
» *tant mobilières qu'immobilières appartenant aux ci-devant*
» *pays d'état.* C'est donc avec le domaine seul que j'ai
» à traiter cette affaire, et j'ai remis à cet effet, à
» M. le directeur général une série de questions à la

» suite d'un petit Mémoire dans lequel *tout en recon-*
» *naissant les droits qu'il peut avoir pour réclamer la dé-*
« *livrance du legs*, j'établis aussi ceux sur lesquels je
» me fonde, pour faire exécuter.... les conditions
» apposées à ce legs....

Plus bas il ajoute : « j'eusse préféré, sans doute, avoir
» à traiter cette affaire directement avec elle (la ville
» d'Aix), mais l'avis unanime de tous mes conseils
» m'ayant convaincu que je m'exposais ainsi à être
» recherché par le domaine, il a bien fallu avoir
» recours à celui-ci......»

Voilà ce qui a été écrit par M. de Lagoy père.

Avions-nous tort de dire que M. de Méjanes dans
les legs de la bibliothéque et des sommes accessoires,
avait eu en vue, non la Provence en tant qu'elle conserverait ce nom et son administration séparée, mais
bien le pays lui-même et ses habitans, quelle que fût
la dénomination administrative sous laquelle ils pourraient être désignés. Voilà, en effet, M. de Lagoy père,
qui a pu converser avec M. de Méjanes et recueillir
de la bouche de celui-ci, l'intention qui avait dicté son
testament ; voilà M. de Lagoy qui nous apprend que
l'une des dispositions qui tenait le plus au cœur de
son honorable parent était l'établissement de sa bibliothéque publique à Aix, sous la direction de l'administration générale du pays. Le voilà qui se pourvoit
auprès de cette administration qui n'était, pourtant,
déjà plus celle de la Provence, pour que cette volonté
de M. de Méjanes soit exécutée. Peut-il y avoir démonstration plus évidente que nous avons bien interprété

son intention , puisque son parent , son héritier institué l'interprète comme nous l'avons fait.

Voilà encore M. de Lagoy qui , après avoir vu se réaliser le désir généreux de son oncle par l'établissement de la bibliothéque, vient encore se pourvoir en 1828 auprès des administrations publiques pour que le legs subsidiaire sorte à effet.

Ét cette lettre si précieuse de M. de Lagoy père contient tout à la fois , qu'on le remarque bien, la confirmation des deux propositions que nous avons cherché à établir ; savoir qu'en thèse générale le domaine de l'État est le successeur et le représentant du pays d'État , et que dans l'espèce particulière qui nous occupe , rien ne s'oppose à l'application de ce principe général. Tous les jurisconsultes, conseillers d'État, ministres, etc. , qui ont pris connaissance du testament , et les conseils eux-mêmes de M. de Lagoy pensent unanimement que le domaine seul a qualité pour réclamer le legs , comme représentant l'ancienne Provence.

Insister plus long-temps sur la démonstration de ces deux points, serait donc complétement inutile.

Toutefois nous ne pouvons nous empêcher de faire remarquer combien la manière d'agir de M. de Lagoy père fut différente de la conduite de ceux qui le représentent.

En 1790 comme en 1828 , une seule idée le préoccupe, celle de donner aux volontés de son oncle leur entière exécution ; nulle part nous ne voyons qu'il ait eu seulement la pensée de se refuser au payement du legs de 40,000 fr. seulement, et il avait raison, il cherchait à le payer avec sûreté et s'enquérait pour cela du véritable légataire ; reconnaissant ainsi qu'en aucune manière cette somme de 40,000 fr. ne pouvait accroître à son héritage.

Aujourd'hui, au contraire, par le système qui a été adopté, c'est un véritable accroissement que l'on veut obtenir ; accroissement d'une somme qu'il n'a jamais été dans l'intention du testateur de faire revenir à son héritier.

Nous aurions compris que les héritiers de M. de Lagoy, en présence des prétentions opposées de l'État et de la ville d'Aix, se fussent fait autoriser à consigner la somme de 40,000 fr., sauf à la justice de régler la qualité des prétendans droit. Mais soutenir et contre le domaine de l'État et contre la ville d'Aix, tout à la fois le défaut de qualité et la caducité du legs, c'est vouloir, nous le répétons, un véritable accroissement ; c'est donner à la conduite de M. de Lagoy père un démenti que nous laissons à l'opinion le soin de qualifier.

§. II.

Inexécution des conditions.

Les hoirs de Lagoy disent que la volonté bien exprimée de M. Méjanes a été que la totalité des sommes qu'il a léguées à la Provence, fût employée à l'augmentation de la bibliothéque, sans en distraire la moindre partie ; que c'est là une condition décisive de la libéralité ; que pourtant 56,000 livres environ, livrées par M. de Lagoy aux procureurs du pays de Provence, ont été dévorées par l'État dans les premières années de la révolution et complétement détournées de leur destination. Que l'État a même annoncé la perte définitive de cette somme pour la bibliothéque; que par conséquent la charge imposée au legs n'a pas été remplie, ce qui en autorise la révocation, et appelle les héritiers de M. de Méjanes à jouir du bénéfice de cette révocation. En conséquence, les adversaires demandent reconventionnellement la restitution des 56,000 livres perdues pour la bibliothéque; offrant pourtant d'exécuter avec la plus scrupuleuse exactitude le testament de M. de Méjanes, c'est-à-dire, de payer les 40,000 livres réclamées aujourd'hui, aussitôt que l'État aura payé les arrérages des 56,000 livres, déjà reçues, et qu'il aura reconnu l'obligation d'en employer annuellement le revenu avec celui des 40,000 livres, à l'acquisition de nouveaux livres; les adversaires exigent une caution pour la sûreté de cette obligation.

Cette objection de l'hoirie Lagoy paraît au premier abord plus grave que celle que nous venons de réfuter. Au fond, elle n'est pas plus sérieuse. Plusieurs moyens se présentent pour la repousser.

Et d'abord, il est très-vrai que le legs fait sous une charge, présente cette similitude avec le legs conditionnel, que la charge comme la condition doit en général être accomplie à peine de révocation du legs. Il est encore vrai en général, que le droit de demander la révocation de ces libéralités onéreuses, dans le cas d'inexécution de la charge, appartient à l'héritier, quoique la charge n'ait pas été établie dans son intérêt. Mais sommes-nous dans le cercle étroit de ces principes ? On ne peut le soutenir. En effet, si nous demandons la délivrance du legs de 40,000 fr., nous nous soumettons, autant que la chose est possible, à exécuter la charge dont le legs est grévé. Notre action est donc à l'abri de tout reproche. Mais on n'est pas satisfait du gage que nous donnons pour l'avenir ; on remonte au passé, et parce que la charge n'a pas pu être accomplie pour une partie, on veut qu'elle ne soit pas du tout ; malgré la générosité qu'on étale, on ne recule pas devant ce résultat de ruiner un établissement aussi vénérable que celui de Méjanes, par la seule raison que sa richesse a été diminuée par des circonstances de révolution, par des actes de force majeure. La bibliothéque a perdu 56,000 livres, donc elle doit en perdre encore 40,000.

Nous examinerons plus tard la liaison légale qui existe à cet égard entre le passé et l'avenir. Nous admettons pour le moment, comme défense à l'action intentée par l'État contre les Lagoy, la demande reconventionnelle de ceux-ci en révocation du legs pour la totalité, si mieux nous n'aimons exécuter pour la totalité les charges qui nous étaient imposées. Voici notre réponse :

Les 56,000 livres payées en 1786 et 1787 ont péri par force majeure, par fait de prince, par confiscation ; l'administration a donc été dans l'impossibilité matérielle et légale d'exécuter à ce sujet les volontés du testateur. Le principe de droit est incontestable, il ne s'agit que de prouver le fait.

On sait que la loi du 4 mars 1790, renversa l'ancien
édifice provincial, pour y substituer l'organisation départementale. Par le résultat inévitable de cette loi, les propriétés des provinces passèrent à la nation, puisque
vingt petits peuples distincts et séparés, devinrent un
seul peuple, réunis et confondus dans l'unité nationale.
On sait encore que la loi du 25 juillet 1790 posa les
premières bases de la constitution du domaine public.
Les biens des provinces n'ayant plus de maître, devaient
tomber dans le domaine public. Il fut pourtant besoin
d'une loi pour le déclarer. Les 56,000 livres retirées par
la Provence, des héritiers de Méjanes, passèrent donc
au nouveau maître, à la nation. Quant à la charge dont
ils étaient grévés, la nation s'en affranchit par divers
actes qu'il est important de connaître.

D'abord, la loi du 15 octobre 1790 parut y pourvoir.
Son article XII fut ainsi conçu : » Les appointemens à
» divers professeurs, *les fonds assignés à quelques biblio-*
» *thèques ou autres établissemens sur les domaines ou autres*
» *revenus*, seront provisoirement répartis sur les recettes
» de district de leur arrondissement et payés en la forme
» prescrite pour les rentes dues aux colléges, écoles, etc,
» par le décret du 15 août. »

La même disposition se retrouve dans la loi du 25
mars 1791.

Par l'effet de ces lois, la charge imposée par M. de
Méjanes était donc assignée sur les recettes de district.
Si l'édifice qui devait contenir la bibliothéque eût été
déjà élevé, si l'établissement avait été organisé, si son
service avait été en activité, les fonds qui eussent été

destinés à l'acquittement des volontés du fondateur eussent dû être pris sur les recettes du district d'Aix. Mais la bibliothéque était loin d'être organisée et livrée au public ; elle ne put donc profiter du bénéfice de la loi du 15 octobre 1790. D'autres établissemens de ce genre en profitèrent, mais quant à celle de Méjanes, elle ne figure que pour mémoire dans l'application de cette loi. Aussi l'on a vu dans l'exposé des faits et dans le §. précédent la réclamation que M. de Lagoy père adressa, en 1790 même, aux administrateurs du district d'Aix et du département des Bouches-du-Rhône.

Bientôt le désordre des finances alla croissant, on fit ressource de tout, et la loi du 3 septembre 1792 vint détruire le provisoire créé par la loi du 15 octobre 1790 et engloutir complétement les fonds destinés à l'accroissement de la bibliothéque Méjanes. Cette loi se coordonnant avec celle du 3 juillet précédent, qui ordonnait le versement au trésor public de tous les fonds appartenant aux ci-devant provinces, prohiba aux receveurs, de quelque espèce qu'ils fussent, d'acquitter aucun mandat délivré par les corps administratifs, pour des dettes des anciennes provinces et pays d'État. Elle déclara dettes nationales toutes les dettes de ces provinces, et ordonna que des états de liquidation seraient dressés par des commissaires, *pour être ensuite par le corps législatif statué ce qu'il appartiendra.* Elle établissait aussi le mode de liquidation, et il est facile de voir qu'elle excluait de cette liquidation les charges de la nature de celle dont il s'agit. C'est ce dont on peut se convaincre par la lecture attentive de cette loi du 3 septembre 1792, (art. 6, 7,

(38)

8 , 9 , et 10) et de la loi du 29 septembre 1791 , où l'on retrouvait le même esprit et où l'on lisait dans l'article 17 , que : » Toutes personnes qui auront des créances » exigibles , ou des sommes à répéter, à quel titre que » ce soit , vis-à-vis des anciens pays d'état , se pourvoiront » auprès du commissaire du Roi , directeur général de » la liquidation , en la forme prescrite à l'égard des » autres créanciers de l'État, pour, sur son rapport présenté » par le comité de liquidation , *être statué par le corps* » *législatif ce qu'il appartiendra.* »

L'esprit général de ces lois, ainsi que des lois du 17 avril 1791 et du 15 décembre 1792, est que les dettes des anciennes provinces et pays d'État, n'ont pu devenir exigibles contre l'État, qu'après une liquidation en la forme voulue, et après décision de l'autorité législative. Des délais furent successivement octroyés pour cette liquidation , en faveur des créanciers, et la loi du 9 brumaire an 2 prononça contre les retardataires , une déchéance définitive. Ces lois, trop longues pour être rapportées textuellement en ce lieu, seront attentivement examinées par nos juges. Il en est resulté, que ce qui était de plein droit exigible et exécutoire contre les provinces , ne le fut pas de plein droit contre l'État. Les commissaires devaient d'abord admettre la créance , et en cas de contestation, le corps législatif statuait sur l'admission ou le rejet de la dette.

Il faut remarquer enfin que toute espèce de dette, exigible des provinces, n'était pas susceptible de devenir sans difficulté dette de l'État. La loi du 17 avril 1791 et celle du 29 septembre de la même année, qui l'ex-

plique et l'organise , démontrent clairement que la dé-
finition donnée par l'article 2 de la loi du 17 avril 1791 ,
ne s'appliquait pas en rigueur de droit à la charge dont
s'agit. C'est ce qui fit penser en 1832 à plusieurs membres
distingués du conseil d'État, et à M. le secrétaire général du ministère des finances, que le legs de 40,000
livres était acquis au domaine sans obligation de faire
emploi. Interprétation rigoureuse, mais vraie peut-être ,
à laquelle pourtant ne s'arrêta point la majorité du
conseil.

Si la charge imposée sur les 56,000 fr. reçus par la
Provence, avait pu devenir dette de l'État, elle aurait
du être liquidée, et passer sur le grand [livre, aux termes
des art. 76 et 86 de la loi du 24 août 1793 , créatrice
du grand livre de la dette publique. Assujettie à liquidation , elle a été frappée par la déchéance prononcée
par la loi de l'an 2. Mais elle ne pouvait même entrer en
liquidation , puisqu'elle n'en était pas susceptible, et
qu'aux termes des lois de cette époque, le corps législatif
seul aurait pu en gréver le trésor de l'État ; ce qui
explique pourquoi cette créance n'a jamais été liquidée.

En effet, la loi du 16 octobre 1791 avait confisqué
sans exception toutes les fondations faites au profit des
corps moraux supprimés par la nouvelle organisation
nationale, et elle avait réservé à la législature le soin
de statuer, s'il y avait lieu , sur l'exécution des clauses
des actes de fondation. La fondation de M. de Méjanes
se trouvait englobée dans cette confiscation absolue,
malgré les termes positifs du testament, car l'article 2
de cette loi , portait que : » Les biens dépendant desdites

» fondations, seraient en conséquence administrés et
» vendus comme les autres biens nationaux, nonobstant
» toute clause, même de reversion, qui serait portée aux
» actes de fondation. »

Et l'article 3 ajoutait que : » L'assemblée réservait à
» la législature d'établir des règles d'après lesquelles il
» serait statué sur les demandes particulières qui
» pourraient être formées en conséquence des clauses
» écrites dans les actes de fondation. »

On le voit, c'est toujours le même esprit, la même intention qui préside à tous les actes législatifs de cette époque. Or, qui devait agir alors pour faire admettre par les liquidateurs, et au besoin par la législature, l'obligation de fournir la rente léguée à la bibliothéque? C'était évidemment M. de Lagoy, puisqu'il était appelé à surveiller l'exécution des volontés de M. de Méjanes; puisqu'il devait prétendre un jour à l'accroissement du legs fait à la bibliothéque; il avait intérêt, il avait donc action; il y a plus, il avait mission; et son silence à cette époque lui impose silence aujourd'hui; car il ne peut tirer profit de sa négligence. Que si les circonstances ont été plus fortes que sa volonté, il doit subir la triste loi que subit l'établissement fondé par M. de Méjanes.

La confiscation fut encore plus positivement opérée par la loi du 13 septembre 1792. On se souvient que les 2808 fr. de rente légués par M. de Méjanes pour en jouir dès son décès, étaient constitués sur divers particuliers ou corporations. On se souvient que ces constitutions de rente étaient tombées - dans le domaine de

la nation ; voici ce que statua à leur égard la loi du
15 septembre 1792. — » Art. 1. Toutes les rentes cons-
» tituées en argent, appartenant à la nation, et dont la
» perception et la régie ont été confiées à la régie na-
» tionale, seront mises en vente, sans délai, dans la
» forme des biens nationaux.......Art. 9. Les receveurs
» de district compteront à la caisse de l'extraordinaire
» du montant des adjudications, dans la forme prescrite
» pour les autres biens nationaux. »

En exécution de cette loi, toutes les rentes laissées
par M. de Méjanes furent mises en vente, comme biens
nationaux, et aliénées en cette même année 1792. Le
produit de l'adjudication fut versé à la caisse de l'extraordinaire. On peut voir dans les lois du 1.er janvier
et du 15 décembre 1790, organisatrices de la caisse
de l'extraordinaire, que cet établissement était complétement distinct et séparé de la trésorerie nationale ;
d'après l'article 2 de cette dernière loi ; cette caisse ne
fesait aucune dépense particulière, il n'en sortait
aucune somme pour l'acquit des diverses parties de la
dette, qu'en vertu d'un décret du corps législatif.

L'aliénation forcée des rentes affectées au service de
la bibliothéque, et le dépôt de leur produit dans cette
caisse, d'où rien ne pouvait sortir qu'en vertu d'un
acte législatif, était donc la confirmation complète de
la confiscation qui avait frappé la fondation de M. de
Méjanes. Les rentes ayant été confisquées, leur emploi
ne pouvait leur survivre. Il eût fallu pour en gréver
le trésor un décret de la puissance législative. Aussi
l'on a vu que lorsqu'en l'an 14, M. Thibaudeau remettait

6

à la municipalité d'Aix la disposition de la bibliothéque, il disait, avec le ministre, au sujet des rentes aliénées, qu'à cet égard l'administration ne pouvait faire droit à la demande de la municipalité.

Maintenant il importe de faire une distinction entre l'administration qui gère, qui revendique, qui conserve le domaine et l'État, le souverain, la force suprême qui gouverne, qui proscrit, qui confisque. Le souverain n'a d'autres limites de pouvoir que les bornes de sa propre puissance; il fait des lois, il impose l'obéissance de gré ou de force. Malheur au peuple, malheur à lui-même lorsqu'il ne se renferme pas dans les limites de la justice ; mais ses actes quels qu'ils soient, constituent une règle de fait, qui dans l'ordre de notre civilisation forme la règle légale. L'administration au contraire n'a d'autres attributions que celles qui lui sont expressément données par la loi.

Or, qui a confisqué, en 1792, les rentes dont s'agit ? C'est le souverain. — Cette volonté suprême viole le droit commun quant il lui plaît, puisqu'elle constitue la loi elle-même. Le souverain a confisqué la fondation de M. de Méjanes, en usant de son droit, comme il a forcé la réception des assignats, malgré toutes conventions contraires ; comme il a confisqué les biens d'émigrés et dégrévé ces biens de toute hypothèque ; comme il a confisqué les biens du clergé, et les a affranchis de toute hypothèque ; comme il a confisqué les biens de l'ordre de Malte ; comme il a confisqué une partie des dettes des pays d'État, (voyez la loi du 1.er janvier 1792) ; comme il a confisqué tous les biens et fondations appartenant aux anciennes académies et corporations savantes ; comme il a confisqué les rentes dues aux fabriques ; comme il a confisqué les dotations des communes ; comme il a révoqué plusieurs dispositions de propriété faites par la puissance souveraine elle-même.

On ne peut sans doute que déplorer un pareil usage de la force souveraine, mais lorsqu'il se réalise, il forme une exception à toutes les règles ordinaires, un fait irrésistible de force majeure ; c'est comme le fait de prince dans les contrats maritimes. A-t-il dépendu, dépend-il encore de l'administration des domaines d'allouer à la bibliothéque le service annuel de la rente de 2808 livres ? Non, évidemment non. Une loi seule pourrait lui en donner le pouvoir, puisqu'une loi lui en a ôté la possibilité et c'est ce qui la dispense de l'accomplissement de la charge, (voyez Ricard, tome 2, page 121, édition de 1713). Il y a donc exonération de la charge par la perte des fonds assignés à la charge, comme il y a perte de la servitude par la perte de l'héritage qui en est grévé. Si un immeuble avait été affecté par M. de Méjanes, à l'entretien de la bibliothéque, et que cet immeuble eût péri, la charge ne pourrait survivre au fonds qui devait la supporter. Il en est absolument de même des rentes en question ; car il est évident, à la simple lecture des lois du 17 avril et du 29 septembre 1791 et du 15 décembre 1792, qu'elles n'avaient point pour objet de maintenir la fondation dont s'agit, et il est permis de penser et de dire que l'avis du conseil d'État du 5 novembre 1832 n'a dû son adoption qu'à un motif d'équité et d'intérêt littéraire, que toutes les âmes généreuses pourront comprendre et apprécier.

Mais de quel droit les adversaires viennent-ils interroger un malheureux passé et s'en faire un bouclier pour refuser le payement des 40,000 livres qui leur sont demandées ? L'action relative à cette partie du legs a-t-elle quelque relation avec la première partie de la libéralité ? Non, aucune. Y a-t-il indivisibilité ? Non, sans doute, car le testateur lui-même a établi la division, et il s'agit d'une chose qui dans sa prestation est très-divisible, ainsi que dans l'application à laquelle elle est destinée.

Quant au passé, les hoirs Lagoy n'ont qu'une action directe, c'est celle qui aurait pour objet de nous forcer à exécuter la charge, faute quoi le legs serait révoqué à leur profit. Mais cette action n'a rien de commun avec la demande principale que nous leur adressons en payement de 40,000 livres; elle n'est pas la défense à cette action, elle ne peut donc pas être intentée par voie reconventionnelle; car de ce que 2808 livres de rente ont été nationalement confisquées en 1792, il ne s'ensuit pas que les autres 2000 livres de rente soient aussi confisquées dans l'avenir. De ce que la première partie du legs n'a pas pu être employée à la destination désirée par le fondateur, il ne s'ensuit pas que la seconde partie du legs doive éprouver le même sort. Et quant même, il n'y aurait pas motif légitime de se refuser à payer.

Il n'y a donc aucune liaison entre la discussion qui se rattache au sort des 2808 fr. de rente, et la dis-

(45)

cussion qui se rattache à la demande des 2000 fr. Il y a séparation complète entre ces deux actions; il y a division intime, obstacle à la reconvention, négation de défense à l'action principale intentée par l'État. Les adversaires sont donc non recevables à se faire une arme du passé.

Il y a plus, et ceci tranche toute difficulté, les adversaires sont non recevables à nous forcer à l'accomplissement de la charge, par la prescription qui a couru contre eux pour nous y obliger, et qui a couru à notre profit pour nous en libérer.

Que l'exécution d'une charge imposée à un légataire, soit susceptible d'être éteinte par la prescription, c'est ce qui ne saurait être mis en doute. L'article 2244 du Code civil porte : » On peut prescrire contre son » titre, en ce sens que l'on prescrit la libération de » l'obligation que l'on a contractée. » Et ce principe n'est pas nouveau, on le trouve exposé et déduit dans Dunod, *Traité des prescriptions, art. 1, chap. 8.* Or, la Provence avait, en acceptant le legs de M. de Méjanes, contracté l'obligation d'accomplir certaines conditions. Elle a pu s'en libérer, si pendant le temps requis par la loi, elle a possédé sa libération.

Cette question est résolue par l'article 2262, qui dit : » Toutes les actions, tant réelles que personnelles, sont » prescrites par trente ans; » article qui ne fait que reproduire les dispositions de la loi 3, au Code, *de prescriptione 30 vel 40 annorum*, jadis observée comme droit commun en Provence.

Aucun obstacle personnel à l'État ou à la Provence

n'a pu s'opposer au libre cours de la prescription libé-
ratoire. Il est constaté d'un autre côté, que depuis 1786
la charge n'a pas été accomplie. Il y a donc quarante-
huit ans de possession de libération, sans aucune in-
terruption.

Aucun moyen personnel aux adversaires n'a pu empêcher l'accomplissement de cette prescription. Ils avaient
action contre nous, car ils avaient intérêt ; et l'article
1180 du Code civil leur donnait le droit de faire des
actes conservatoires.

Le legs avec charge n'est point résolu, ni révoqué de
plein droit par l'inaccomplissement de la charge. Le
donateur ou l'héritier ont seulement le droit de forcer
à exécuter ou à restituer. (Ricard, tom. 2, pag. 118).
Cette action est évidemment de la catégorie de celles
que l'article 2262 déclare prescriptibles. Les adversaires
seraient donc aujourd'hui non recevables dans leur
action au fond, si dans la forme cette action pouvait
avoir été régulièrement intentée par la voie reconventionnelle.

La cause des héritiers de Lagoy n'a donc pas tiré un
secours bien utile des argumens qu'elle a cherchés dans
un malheur de confiscation que tout le monde doit déplorer. Il semble même que ce premier malheur aurait dû
rendre nos adversaires plus généreux, et que les moyens
qu'ils ont invoqués tournent contre ceux qui les emploient,
car on pourrait penser qu'il n'y a pas une grande sincérité
dans l'offre de payer les 40,000 fr. réclamés, pourvu que
l'État paye les rentes confisquées ; en effet, pour restituer
à la bibliothéque ces rentes perdues, on sait bien qu'il faut

une loi, et que le pouvoir législatif pourrait seul gréver le trésor de cette charge, et l'on peut présumer facilement que les chambres refuseraient un pareil vote.

Il nous semble que M. de Lagoy père montrait plus de franchise en 1828, lorsqu'écrivant à M. le maire d'Aix, il annonçait expressément la résolution de payer, pourvu qu'il obtînt des garanties pour l'emploi de la rente réclamée. C'était là toute la question qui le retenait dans l'hésitation, et cette question a été résolue par l'avis du conseil d'État du 5 novembre 1832. Il est permis de penser, d'après la lettre de M. de Lagoy père, qu'il se fût réjoui d'une pareille décision, et qu'il aurait sur-le-champ exécuté les volontés de M. de Méjanes.

Qu'eût fait M. de Méjanes, s'il avait survécu à la révolution, et qu'il eût vu périr de son vivant la dotation de sa bibliothéque? Croit-on qu'il eût chicané sur le passé? Non, son âme généreuse aurait travaillé à guérir les maux du passé, mais elle ne les eût point aggravés par le mal de l'avenir.

Lorsque nos troubles politiques forcèrent l'illustre et vertueux Montyon à quitter la France sa patrie, il avait déjà doté différentes académies de plus de 60,000 fr. de capital pour des fondations de prix annuels. A son retour de l'émigration, il ne trouva plus rien de ses bienfaits. Ses dons avaient été confisqués en même temps que les académies avaient été supprimées. M. de Montyon ne fit point de procès; mais il fit de nouvelles fondations et remplaça celles qui étaient perdues, sans s'inquiéter de ce que pourraient faire de nouvelles révolutions. Vénérable Méjanes! Ce qu'a fait Montyon, tu l'eusses fait aussi.....

que tes mânes se rassurent ! la justice française comprendra ta grande pensée.

En effet, il s'agit encore dans ce procès d'une interprétation de volonté. Or, à qui pourra-t-on persuader que M. de Méjanes eût voulu laisser périr le monument auquel il avait consacré sa vie ? Qui croira que le testateur eût voulu qu'on spoliât la bibliothèque en 1834, par cette raison décisive, proposée par ses héritiers, qu'elle a été spoliée en 1792 ?

Ainsi donc la question ne peut s'engager sérieusement que pour l'avenir ; et à cet égard, l'avis du conseil d'État du 5 novembre 1832 répond à tout. Nous reconnaissons l'obligation d'emploi, et vous ne pouvez pas vous plaindre avant que nous l'ayons violée. Vous aurez action pour forcer à l'emploi ou à la restitution ; mais, pour le moment, vous ne pouvez exiger que la reconnaissance de cette obligation. Vous ne pouvez demander une caution, car, une loi expresse en dispense l'État dans tous les cas où elle pourrait être exigée de tout autre individu, l'État étant toujours présumé suffisamment solvable.

Rien ne peut donc vous dispenser de payer les 40,000 f. que nous réclamons. Si la charge qui nous est imposée était, non une charge, mais une condition suspensive, l'effet de la disposition serait suspendu jusqu'à l'accomplissement de la condition. Mais il n'en est point ainsi.

» Il y a bien, dit M. Duranton (tom. 9, pag. 348) cette
» similitude entre eux que la charge comme la con-
» dition doit en général être remplie à peine de ré-
» vocation du legs ; mais la charge diffère de la condition

» suspensive , en ce qu'elle ne suspend point l'effet de
» la disposition , tandis que la condition la suspend.
» D'où il suit que la mort du légataire , survenue avant
» que la charge ait été remplie , ne fait pas évanouir
» le legs , au lieu qu'elle ferait évanouir le legs condi-
» tionnel. — La charge n'empêche point non plus le
» légataire de demander de suite la délivrance du legs.
» Tandis que la condition , tant qu'elle n'est pas accomplie
» en suspend nécessairement l'exécution , puisqu'elle en
» suspend même l'effet. — Un legs est fait sous un mode
» ou une charge , lorsque le testateur a prescrit au
» légataire de donner quelque chose à un tiers , ou de
» faire quelque chose, ainsi que la loi 17, §. 4, ff. *de condit.*
» *et demonst.*, nous en offre plusieurs exemples : *quod*
» *si cui in hoc legatum sit , ut ex eo aliquid faceret , veluti*
» *monumentum testatori , vel opus , aut epulum municipibus*
» *faceret , vel ex eo ut partem alii restitueret , sub modo*
» *legatum videtur.* »

Le doctrines du savant et judicieux Ricard , que nous
avons cité plus haut , sont exactement conformes sur
ce point à celles de M. Duranton.

Seconde partie. — *La ville d'Aix.*

Il est fâcheux qu'à l'occasion du recouvrement des
40,000 fr. dus par l'hoirie de Lagoy , une lutte se soit
élevée entre la ville d'Aix et le domaine. Il serait difficile
de donner une raison plausible de cette insistance à
soutenir *que la ville d'Aix , en possession de cette biblio-*

théque, a, seule, action pour le recouvrement de ladite rente et que l'État, appelé en cause par la ville d'Aix, n'a pu former une demande directe contre les hoirs de Lagoy, en payement des arrérages de ladite rente, laquelle n'étant qu'un accessoire et une dépendance de la bibliothéque, ne peut être recouvrée que par la ville. (Conclusions signifiées par la ville d'Aix.) Il est vrai que ce système a été singulièrement modifié par la plaidoirie, puisqu'on a été réduit à soutenir que la ville d'Aix était usufruitière, quasi-usufruitière, quasi-usagère de la bibliothéque et de la rente; mais on veut toujours la perception directe des deniers par voie d'autorité. Il n'a fallu rien moins que le talent du défenseur de la ville, pour donner à un système aussi fragile une apparence de solidité qu'il n'est pas malaisé de détruire, ce nous semble.

Et d'abord, demandons-nous quel a été le légataire de la bibliothéque? Est-ce la ville d'Aix? non, le testament est positif, et les expressions en sont trop claires pour qu'il y ait du doute : *Je donne et legue à la province de **Provence** :* ces mots sont plusieurs fois répétés dans le testament.

Qu'était donc la ville d'Aix, dans la pensée et dans la volonté du testateur? La ville d'Aix n'était pour M. de Méjanes, que la capitale du pays de Provence. Il était citoyen d'Arles, et il n'avait habité Aix qu'à l'occasion des fonctions publiques qui lui avaient été conférées pendant trop peu de temps, pour que la ville d'Aix devint l'objet direct et individuel de ses affections. Méjanes portait sa pensée plus haut; c'était la province, et non la cité qui devait hériter de ses richesses littéraires ; la cité ne fut considérée que comme le chef-lieu du pays légataire.

La chose est tellement évidente, qu'on lit sous le buste de Méjanes, dans la bibliothéque d'Aix, cette inscription posée par le maire de la ville, à une époque où il n'était pas question de procès : « A la mémoire de J. B. » Marie Piquet, marquis de Méjanes, premier consul » d'Aix, procureur du pays, qui, par son testament » du 26 mai 1786, a légué sa précieuse bibliothéque, *à* » *la province de Provence, pour être rendue publique dans* » *la ville d'Aix sa capitale.* »

Et lisons le testament : *Je donne et lègue..... à la province de Provence....... sous la condition d'en tenir une bibliothéque ouverte en la ville d'Aix, pour l'avantage du public auquel ladite bibliothéque sera destinée.....*

Ainsi donc le légataire de la propriété, c'est la Provence, et l'usager, c'est le public. La ville d'Aix n'est là que le lieu du dépôt, mais elle ne peut prétendre sur ce monument ni à une propriété municipale, ni à un usufruit municipal. C'est rapetisser la disposition du fondateur, que de la réduire à ces proportions étroites.

Qui sommes-nous, nous qui réclamons ? Nous sommes la Provence. Nous sommes les vrais propriétaires de la bibliothéque et de la rente. Qu'est aujourd'hui la ville d'Aix ? Elle est l'ancienne capitale de la Provence, à laquelle, en cette qualité, a été confié le dépôt du précieux trésor légué par Méjanes à la Provence. Mais elle est dépositaire et non propriétaire et non usufruitière ; ses prétentions, à cet égard, sont une véritable usurpation condamnée par le testament et par le titre de sa prétendue possession.

Et quelle contradiction ! la ville d'Aix soutient qu'elle a, seule, action pour toucher la rente qui est en litige, et pourtant, c'est elle-même qui nous a appelé en cause : impuissante qu'elle reconnaissait être pour obtenir l'adjudication de sa demande.

Mais, dit-on, M. de Méjanes avait appelé les consuls d'Aix, à l'administration de la bibliothéque ; il y avait donc, pour la ville, un droit municipal, pour la jouissance et le recouvrement duquel, les successeurs des anciens consuls ont titre et qualité.

Relisons le testament et le codicille On lit dans le premier : *je donne et lègue....à la province de Provence sous la direction de MM. les procureurs de ladite province de Provence et de MM. les syndics de la noblesse....* Il n'y a rien là qui touche la ville d'Aix ; mais on lit dans le codicille : *en nommant MM. les procureurs de la province de Provence et MM. les syndics de la noblesse, directeurs de ma bibliothéque, j'ai oublié d'y joindre MM. les procureurs nés de la province d'Aix, et j'entends qu'ils partagent avec mesdits sieurs procureurs de la province, l'administration de ladite bibliothéque.*

Voyez ! dit-on ; les *procureurs nés* sont adjoints aux procureurs du pays et aux syndics de la noblesse ; or, les *procureurs nés* étaient les consuls d'Aix, donc M. le maire d'Aix, héritier des consuls, a droit à l'administration de la bibliothéque.

Il est très-vrai que les consuls d'Aix exerçaient jadis les fonctions de procureurs du pays, et que ces attributions leur avaient été irrévocablement assurées par un édit de François 1.er de 1535. Mais ce n'était point en qualité de consuls d'Aix que M. de Méjanes les appelait à l'administration de l'établissement qu'il léguait à la Provence, c'était en qualité de *procureurs nés* du pays qu'il instituait légataire. De sorte que si un édit postérieur eût révoqué celui de François 1.er, les consuls d'Aix, dépouillés de l'administration du pays, n'auraient plus eu qualité pour administrer la bibliothéque. C'est donc leur qualité administrative et non pas leur qualité municipale qui a été considérée ; et cela est si vrai que le nom de *consul d'Aix* n'est pas même prononcé par M. de Méjanes. Cette réfutation nous paraît être sans réplique.

On insiste, pour la ville d'Aix, et l'on dit qu'ayant droit à la jouissance du principal, qui est la bibliothéque, elle a droit à la jouissance de l'accessoire qui est la rente affectée à l'augmentation de la bibliothéque.

Cette objection pêche par sa base. La ville d'Aix n'a aucun droit municipal et exclusif à la jouissance de la bibliothéque. M. de Méjanes a destiné cette bibliothéque au public et non à la ville d'Aix. La cité n'a donc qu'un droit collectif de jouissance qu'elle partage avec le public. Elle jouit comme public, mais non comme cité. il n'est donc pas exact de dire que la ville d'Aix a droit à la jouissance du principal, puisque le propriétaire c'est l'État héritier de la Provence, et que l'usager c'est le public.

Sans doute, en thèse générale, le legs fait avec charge au profit d'un tiers donne un droit et une action à ce tiers contre le légataire, (art. 1121 et Duranton, tom. 9, pag. 324.) Mais ce n'est point là le cas du procès. La ville d'Aix réclame directement le bénéfice de la charge, en franchissant l'intermédiaire du légataire, l'État, qui, selon elle, cependant, est obligé de la faire jouir du legs. Elle est non recevable. 1.º parce qu'en supposant qu'elle eût un droit positif et municipal à la jouissance du legs, elle n'aurait le droit de demander directement l'allocation de la rente de 2000 fr., que sur notre refus d'employer les fonds à leur destination légale. » Le refus » du légataire d'exécuter la charge, dit M. Duranton, » (tom. 9, pag. 324), ne donnerait pas sans doute » au tiers le droit de demander la révocation du legs, » mais il lui donnerait le droit d'en demander la dé- » livrance à son profit. » — 2.º La ville d'Aix est non recevable, parce qu'elle n'est pas instituée pour recueillir le bénéfice de la charge, comme le tiers dont parle M. Duranton. Elle n'aurait pas d'action pour nous forcer à l'emploi du legs, et elle le reconnaît elle-même ; elle n'est donc pas appelée par le testateur. Le tiers appelé c'est le public ; et celui qui a l'action pour forcer l'emploi, c'est l'héritier de M. de Méjanes. La ville d'Aix ne peut donc pas dire qu'appelée à jouir du principal, elle doit aussi jouir de l'accessoire.

Aix n'est que le lieu de dépôt de la bibliothéque. Sans doute, si ce lieu devait ou pouvait être changé, on concevrait l'intervention de la ville et son intérêt moral à retenir ce riche monument, mais ce n'est pas la question du procès. Nous sommes propriétaires du principal, c'est-à-dire, de la bibliothéque, nous le sommes aussi de l'accessoire ; et en aucun cas, nous ne sommes comptables de rien envers la ville d'Aix., mais seulement envers l'hoirie de Méjanes ; cette ville ne peut s'immiscer ; malgré nous , ni dans l'administration , ni dans la disposition de la bibliothéque et de ses dépendances , parce que le pays de Provence que nous représentons était seul et unique légataire , et seul appelé à cette administration.

On croit trouver un auxiliaire au moyen que nous venons de combattre , dans l'arrêté de l'an 14 , par lequel la bibliothéque a été mise à la *disposition* du conseil municipal et sous sa surveillance. Mais il est facile de remarquer que cet acte a été une simple décision administrative , révocable , et non émanée du pouvoir qui, seul, a le droit de *disposer des domaines nationaux*, le pouvoir législatif. D'ailleurs, ce n'est pas le fonds même qui a été mis à la disposition du conseil municipal, c'est l'administration et le règlement de la bibliothéque. Le fonds et les accessoires sont demeurées domaine national. La commune n'en peut distraire aucune partie, elle n'est, par rapport à la bibliothéque, que l'agent responsable du domaine.

Ainsi, cette *disposition*, dans le sens *d'aliénation*, serait complétement nulle ; car le domaine ne peut être aliéné que par une loi. Ce n'est pas davantage un contrat entre le domaine et la Commune, car, s'il en était ainsi , les tribunaux civils seraient radicalément incompétens pour connaître de l'étendue et de l'interprétation de ce contrat administratif. L'acte ministériel dont on se prévaut, n'est donc qu'une simple autorisation qui peut être retirée à volonté et qui ne donne aucun droit foncier à la ville d'Aix. Rien n'empêcherait le gouvernement de changer demain le local, l'administration, le personnel de la bibliothéque et de préposer à son organisation et à sa surveillance un agent qui relèverait directement du ministre chargé de la surveillance des bibliothéques, et qui ne rendrait compte qu'à cette autorité supérieure. Une simple décision ministérielle suffirait pour opérer ce résultat, et la ville d'Aix n'aurait, pour ce sujet, aucun procès à faire à personne.

Enfin, soutiendra-t-on que la ville est usufruitière, usagère de la bibliothéque ? qu'elle est créancière d'un legs annuel sur cet établissement ? Examinons ces divers argumens.

La ville ne peut prétendre à l'usufruit de la bibliothéque, pas plus qu'à l'usufruit de tout autre établissement public ; en effet, la bibliothéque est essentiellement destinée au public, et les termes du testament prohiberaient, s'il y avait lieu, à la ville d'Aix, d'exclure le public étranger de l'entrée et de la jouissance de la bibliothéque. Elle n'a, à cet égard, aucun privilége municipal ; elle n'a d'usufruit que comme fesant partie du public, et nous ne savons pas que ce public indéterminé, de toutes nations, ait confié à la ville d'Aix le soin de faire valoir ses droits de jouissance. D'ailleurs, où est le titre constitutif de cet usufruit ? Quelles en sont les bornes, la durée, les droits ? Il faut se perdre dans des subtilités pour trouver un aliment à cette argumentation condamnée par le testament de M. de Méjanes qui destine la bibliothéque au public, c'est-à-dire, à tout le monde et non à la ville d'Aix seule et isolée. Voudrait-on soutenir que l'obligation où est la ville d'Aix, comme mandataire du domaine, de surveiller la bibliothéque, de la conserver intacte, de l'ouvrir à tout le monde, citadins, nationaux et étrangers; voudrait-on soutenir que cette obligation constitue un droit d'usufruit en sa faveur?

La prétention à l'*usage* est aussi futile; elle est repoussée par les mêmes argumens. La ville d'Aix est si peu usagère, qu'elle reconnaît elle-même que le fonds, que les 40,000 fr. doivent être retirés par le domaine, si après condamnation, l'hoirie Lagoy veut se libérer. Le domaine retirera donc le capital, et ne pourra pas en employer directement le revenu à l'augmentation de la bibliothéque dont la propriété ne lui est pas contestée. Il faudra l'intermédiaire de la ville pour faire cet emploi. Cette prétention est la violation la plus manifeste du testament, car la ville n'y est désignée que comme devant contenir matériellement la bibliothéque. C'est une indication géographique, et non l'attribution d'un droit qu'on trouve dans la fondation, et cela est tellement vrai que l'administration n'en était pas confiée à la ville, mais aux procureurs du pays. L'indication géographique est maintenue, la ville doit être satisfaite. Mais peut-elle réclamer une perception de deniers, une administration qu'on n'a pas voulu lui donner? Aurait-elle pu, en présence des procureurs du pays et des syndics de la noblesse, élever la prétention qu'elle soulève aujourd'hui ? Certes , non ; elle n'y eût pas même songé. Le peut-elle mieux aujourd'hui ? Où est l'acte, la loi qui a dénaturé les titres, la position du propriétaire et les droits de chacun ? Successeurs de la Provence, nous en avons tous les droits. Le testament donnait à la Provence le droit de retirer la rente et l'obligation d'en faire emploi ; c'était à la Provence que le bibliothécaire nommé par la Provence, devait rendre annuellement son compte. Il faut déchirer le testament pour écarter le domaine du droit de représenter, à cet égard, le pays dont il est le successeur légitime.

Enfin, imaginera-t-on de considérer la question sous le point de vue de *legs annuel*? Mais , dit M. Proudhon, (Traité des droits d'usufruit , tom. 1 , pag. 58) : « Le » legs des fruits annuels d'un fonds, emporte le droit » d'usufruit.... Dans ce cas, ce n'est point un legs de » revenus qui a été fait, parce que le légataire doit » être mis en jouissance pour percevoir ces fruits ; c'est, » au contraire, un véritable legs d'usufruit que le tes- » tateur est censé avoir voulu faire, puisqu'il a accordé » au légataire le droit de percevoir annuellement et » par ses mains, le produit du fonds, en nature. » Ainsi cette prétention de *legs annuel* se confond avec les moyens que nous avons déjà réfutés.

On a dit, pour la ville, que l'État remplirait mal les obligations, qu'il y aurait abus , gaspillage dans les fournitures. Vaines craintes ! la ville offre-t-elle, à cet égard, plus de garanties que l'État ? La littérature municipale sera-t-elle plus éclairée sur le choix des livres que les

agens du gouvernement ? En vérité, de pareilles considérations ne devraient pas être soulevées ; car leur discussion, étrangère au fond de la question légale, ne
peut aboutir qu'à la violation des convenances.

On a dit encore que la ville d'Aix était menacée d'un
envahissement qui la dépouillerait d'un monument pour
la conservation duquel elle a fait de grands frais. Honneur
à elle pour les soins qu'elle a pris ! mais de quoi veut-on
la dépouiller ? Serait-ce pas hasard de ce qu'elle n'a
jamais possédé ? Son rôle n'est-il pas le même que
celui qu'elle eût rempli dans l'ancienne Provence ?
N'est-elle pas toujours, pour la bibliothéque, la capitale
de la patrie provençale ? Le domaine a remplacé les
procureurs du pays, et voilà tout. Elle n'a ni plus,
ni moins, que ce qu'elle aurait eu autrefois. Elle est
dépositaire d'un des plus beaux monumens littéraires
du royaume, d'un des plus riches domaines intellectuels
de la nation. Elle a si peu de raison de se plaindre
que l'avis du conseil d'État de 1832 lui laisse espérer
d'obtenir du ministre de l'instruction publique la manutention qu'elle veut obtenir d'autorité.

S'il est une vérité incontestable, c'est que des établissemens du genre de celui dont il s'agit doivent,
dans l'intérêt des lettres, être placés sous la grande
sauvegarde de l'État, et enlevée à l'action trop exclusive
des pouvoirs locaux. La bibliothéque de M. de Méjanes
doit être surveillée par l'administration supérieure.
Comme établissement public, elle en est digne, elle
ne peut qu'y gagner. Pour ces grands monumens

des lettres et des arts, la centralisation est un bienfait, lorsqu'elle est tempérée par l'influence légitime et nécessaire des localités; et telle est la pensée qui se revèle dans la conduite de la haute administration. Les inspirations d'un patriotisme citadin honorable, mais exagéré, ne prévaudront donc pas sur la raison élevée qui a dicté la décision généreuse et réfléchie du conseil d'état.

CONCLUD comme au procès.

Cʜ. GIRAUD, *Avocat.*

V. CASTELLAN , *Avoué.*

AIX, Imprimerie de NICOT, successeur de Mouret, rue Pont-Moreau. — 1834.

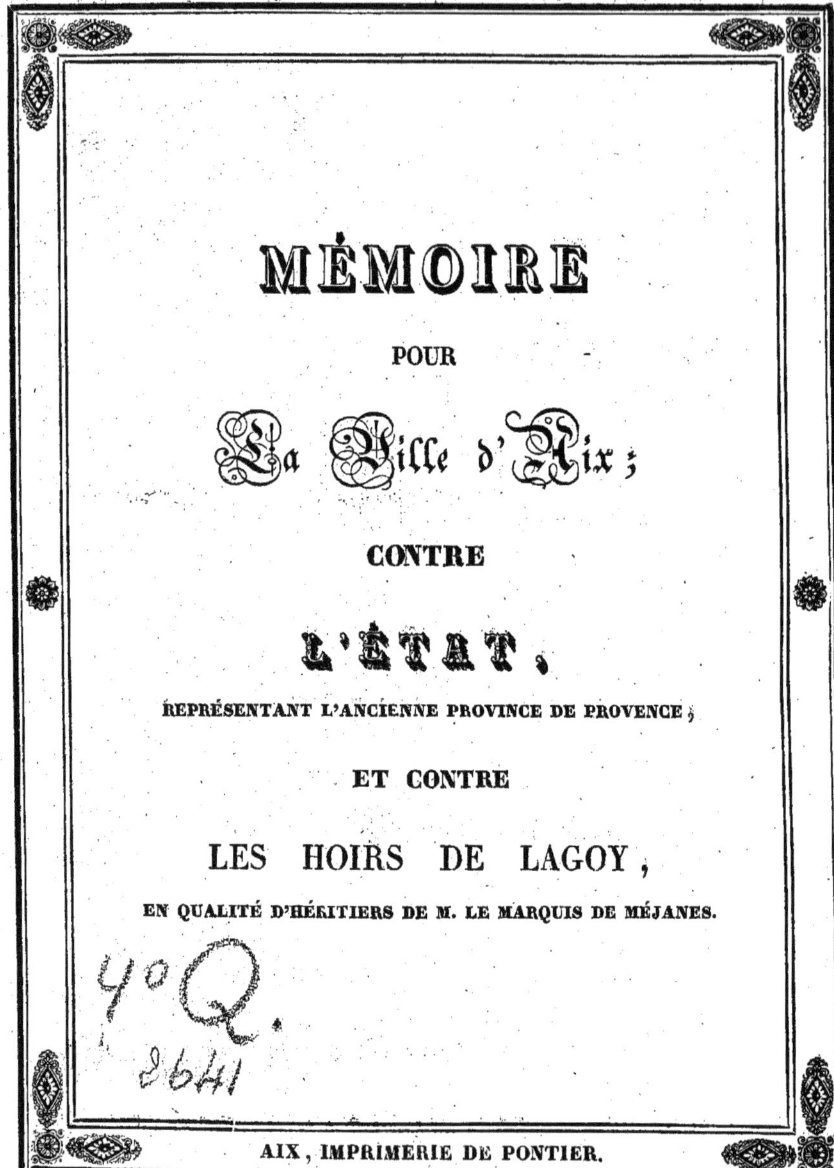

MÉMOIRE

POUR

La Ville d'Aix;

CONTRE

L'ÉTAT,

REPRÉSENTANT L'ANCIENNE PROVINCE DE PROVENCE;

ET CONTRE

LES HOIRS DE LAGOY,

EN QUALITÉ D'HÉRITIERS DE M. LE MARQUIS DE MÉJANES.

AIX, IMPRIMERIE DE PONTIER.

MÉMOIRE

POUR

La Ville d'Aix,

Contre

L'ÉTAT, REPRÉSENTANT L'ANCIENNE PROVINCE DE PROVENCE, ET LES HOIRS DE **LAGOY**, HÉRITIERS DE **M.** DE **MÉJANES.**

PERSONNE n'ignore que *la ville d'Aix* doit au patriotisme de M. de *Méjanes*, une des plus riches Bibliothèques qui existent aujourd'hui dans les départements ; mais on ne sait pas, aussi généralement, qu'il a porté la sollicitude et la prévoyance jusqu'à attacher à cette Bibliothèque une dotation considérable, en rentes destinées à son entretien perpétuel et à son accroissement.

La ville d'Aix se félicite d'avoir à rappeler ces actes d'une générosité éclairée, et de pouvoir ainsi rendre un nouvel hommage à la mémoire d'un bon citoyen, en publiant tous ses titres à la reconnaissance publique.

Obligée de réclamer contre le fisc et contre les hoirs de Lagoy , la perception et la jouissance de la seule de ces rentes qui n'ait pas été engloutie dans le gouffre de la révolution , la résistance qu'elle éprouve ne lui fait que mieux sentir tout ce qu'elle doit à son bienfaiteur. Que ne peut-il , sortant du tombeau , décider lui-même laquelle des parties au procès s'y est montrée plus fidèle à ses dernières volontés : de ses héritiers qui se prévalent de la perte d'une partie des rentes , pour se dispenser de payer celle qui reste ; du fisc qui , après avoir confisqué les premières , voudrait encore absorber celle-ci ; ou de la Ville , enfin , qui a dépensé des sommes énormes pour l'installation et l'ouverture de la Bibliothèque , qui s'impose , chaque année , de nouveaux sacrifices pour son entretien , et qui n'aspire qu'à obtenir les moyens d'accroître sa variété , sa richesse et son utilité.

Si la mort inexorable nous prive de la sentence de M. de Méjanes, dans une contestation si importante pour l'établissement qu'il a fondé et qui porte son nom ; pénétrons-nous du moins de sa pensée , recherchons ses intentions dans l'écrit qui en est dépositaire, et tâchons que le jugement qui interviendra soit tel qu'il eût pu le rendre lui-même.

M. de Méjanes est mort à Paris, le 5 octobre 1786, laissant un testament sous la date du 26 mai de la même année, et deux codicilles sous celles des 18 et 19 septembre.

Voici ce qu'on lit dans le testament :

« Je donne et lègue tous les livres qui m'appartiennent tant à Arles,
» Aix , qu'Avignon , dans la maison de campagne de ma belle-mère et

» à Paris , et enfin toute ma bibliothèque, corps de ladite bibliothèque,
» tablettes et tous les manuscrits, à la province de Provence pour appar-
» tenir à ladite province, sous la direction de MM. les Procureurs de
» ladite province de Provence et de MM. les Syndics de la noblesse,
» *sous la condition d'en tenir une bibliothèque ouverte en la ville d'Aix,*
» *pour l'avantage du public auquel ladite bibliothèque sera destinée* . . . .
» J'entends aussi que tous les frais de transport, de bâtiments , de
» tablettes , d'arrangements de livres , de bibliothécaires , de garçons de
» bibliothèques, lumières et toutes autres dépenses relatives, sans exception,
» *soient en totalité à la charge de la province* . . . .
» Je donne et lègue en outre à ladite province de Provence pour être
» employés uniquement et intégralement à l'augmentation de ladite biblio-
» thèque , et dont l'emploi sera justifié tous les ans par le bibliothécaire
» devant MM. les directeurs qui auront le droit de choisir ce bibliothécaire
» ainsi que les garçons qui seront destinés pour le service de la biblio-
» thèque :
» 1° 188 livres de rente sur le parlement d'Aix ;
» 2° 90 livres de rente sur les notaires d'Aix ;
» 3° Trois contrats productibles environ de 280 livres de rente, soit
» qu'il y ait plus ou moins, que j'ai acquis, en l'année 1783, de M. de
» Barras, et que je crois être sur la province de Provence ;
» 4° Un contrat en principal de 9000 livres, produisant 5 p. °|₀ ,
» qui m'est dû par M. le marquis de Marignane, par écrit sous signature
» privée ;
» 5° Enfin 2000 livres de rente perpétuelle, que j'entends expressément
» être exemptes de toutes retenues , au capital de 40,000 livres sur M. le
» marquis de Lagoy mon neveu, et que j'instituerai ci-après mon héritier
» et légataire universel , à prendre sur ce qu'il recueillera de madite insti-
» tution ; de laquelle rente de 2000 livres il ne sera toutefois tenu d'acquitter
» les arrérages qu'à compter du décès de madame la marquise de Méjanes
» mon épouse, par l'événement duquel décès mondit héritier se trouvera
» déchargé des 3000 livres de rente viagère que je léguerai ci-après à

» madite épouse. J'entends que M. le marquis de Lagoy, mondit héritier,
» ait la faculté de rembourser les 40,000 livres, principal de cette rente,
» par parties de 10,000 livres qui diminueront d'autant la rente. »

Dans son premier codicille M. de Méjanes ajoute ce qui suit :

« En nommant MM. les Procureurs de la province de Provence et
» MM. les Syndics de la noblesse, directeurs de ma bibliothèque, j'ai
» oublié d'y joindre MM. les Procureurs nés de la province d'Aix, et
» j'entends qu'ils partagent avec mesdits sieurs Procureurs de la province de
» Provence et les Syndics de la noblesse, la surveillance de l'administration
» de ladite bibliothèque.

» Mon intention décisive est que tous les fonds que j'ai légués par mon
» testament pour ma bibliothèque, soient employés à l'acquisition de
» nouveaux livres, sans qu'il puisse en être distrait la plus légère somme
» sous quelque prétexte que ce soit. J'exige expressément qu'il soit rendu
» compte, toutes les années, de l'emploi desdits fonds, devant des Com-
» missaires qui seront nommés par l'assemblée générale de la province,
» et que le résultat dudit compte soit imprimé annuellement dans le cahier
» de ladite assemblée. »

Par son second codicille, M. de Méjanes ajoute à la dotation de la Bibliothèque, seize actions de la *Compagnie des Indes*, de 2500 livres chacune, rapportant en tout 1800 livres de rente.

Ce second codicille était assez irrégulier : il ne consistait qu'en une note signée par M. de Méjanes, mais écrite d'une autre main que la sienne. Elle était renfermée ainsi que les titres des seize actions sur la Compagnie des Indes, dans un paquet que M. de Méjanes confia, peu avant sa mort, à M. de Boisgelin, alors archevêque d'Aix. Aucune difficulté ne s'éleva cependant sur son exécution.

Toutes ces dispositions accumulées élevaient à 4808 livres

de rente , la dotation de la bibliothèque qui elle-même fut estimée 400,000 livres par M. l'archevêque d'Aix , lorsque dans la séance des États de Provence, du 14 décembre 1786, il rendit compte des dispositions de son noble ami et proposa l'acceptation de ce magnifique legs (1).

Il n'est pas sans intérêt de rappeler littéralement la délibération qui fut immédiatement prise et dont nous trouvons le texte dans *l'abrégé du cahier des délibérations de l'assemblée générale des communautés du pays de Provence, convoquée à Lambesc au 10 décembre 1786.*

« L'assemblée a unanimement délibéré qu'il sera célébré demain dans
» l'église paroissiale de cette ville de Lambesc, au nom et aux frais du
» pays , un service solennel pour M. le marquis de Méjanes.

» Elle a déclaré accepter avec reconnaissance le legs de la bibliothèque
» de M. le marquis de Méjanes , aux clauses et conditions exprimées
» dans son testament.

» Elle a chargé MM. les Procureurs du pays de pourvoir à l'acqui-
» sition et aux réparations et arrangements intérieurs d'une maison pour
» l'établissement de la bibliothèque, sur les fonds des cas inopinés, par
» sommes payables en une ou plusieurs années , sans emprunt et sans
» accroissement d'imposition.

» Elle a délibéré que le buste de M. le marquis de Méjanes sera
» placé dans la bibliothèque , et qu'il sera payé au sieur Houdon ,

---

(1) Jean-Baptiste-Marie Piquet, marquis de Méjanes, était né à Arles en 1729. Il jouissait d'une fortune modique. En mourant, il laissa à sa famille tout ce qu'il en avait reçu, et point de dettes. Un goût constant, une sage économie, une longue habitude des privations personnelles lui donnèrent les moyens de satisfaire aux besoins d'une ame noble et généreuse, et d'un esprit cultivé.

» chargé de l'exécution de ce buste, la somme de 3000 livres ; savoir
» 1500 livres dès-à-présent, à titre d'avance, et 1500 livres après que
» l'ouvrage aura été fini.

» Elle a déterminé qu'il serait payé annuellement 2000 livres pour
» les honoraires d'un bibliothécaire, 1000 livres pour ceux d'un sous-
» bibliothécaire et 4000 livres pour les gages du concierge, du portier,
» des domestiques et pour le luminaire et autre entretien de la biblio-
» thèque ; le tout à prendre sur l'imposition faite pour les cas inopinés.

» Elle a nommé le sieur Raymond de l'Académie royale d'architecture,
» pour faire les réparations et arrangements intérieurs nécessaires, après
» que les plans et devis auront été approuvés par MM. les Procureurs
» du pays.

» Elle a délibéré que le compte de l'emploi des fonds destinés à
» l'augmentation de la bibliothèque (*les rentes*), sera rendu annuellement
» et sans frais par devant les directeurs de la bibliothèque.

» Elle a enfin chargé MM. les Procureurs du pays de témoigner, au
» nom de l'assemblée, à M. l'archevêque d'Aix, toute la reconnaissance
» qu'elle lui doit pour les soins vraiment utiles qui ont préparé et con-
» sommé le don précieux que M. le marquis de Méjanes vient de faire
» à sa patrie..... »

En exécution de cette délibération, les procureurs du pays,
ayant obtenu, le 15 novembre 1786, la tradition symbolique
de la Bibliothèque, par la remise des clefs, s'empressèrent d'en
prendre possession, de la faire transporter à Aix, et d'aviser aux
moyens de réunir en cette ville tous les livres épars à Avignon,
Paris et autres lieux.

Ils obtinrent ensuite, et par déclaration du 29 juillet 1787,
livraison et transport des rentes sur le Parlement, sur les Notaires,
sur M. de Barras, sur M. de Marignane et sur la Compagnie
des Indes ; quant à la rente de 2000 livres sur M. de Lagoy,
elle n'était exigible qu'à la mort de Madame de Méjanes.

Pour être justes envers tout le monde, nous devons dire que M. de Lagoy père se prêta avec une parfaite loyauté à l'exécution du testament de son oncle. Les Procureurs du pays ne furent que les interprètes des sentiments publics, dans la lettre suivante qu'ils lui adressèrent, le 20 avril 1788 :

« Monsieur, . . . Nous n'avons pas laissé ignorer aux *États* la manière » vraiment noble et désintéressée avec laquelle vous avez concouru à l'exé- » cution des volontés de M. le marquis de Méjanes votre oncle ; et les » *États* pénétrés de la plus vive reconnaissance, nous ont chargés de vous » en témoigner leurs remercîments. Nous nous empressons de corres- » pondre à leurs vues et de remplir leurs intentions, avec d'autant plus » de satisfaction, que nous avons été les premiers témoins de votre gé- » nérosité. . . . . »

Le local où devait être installée la Bibliothèque n'avait pas été définitivement choisi, les livres étaient encore renfermés dans des caisses entassées dans les combles de l'hôtel-de-ville d'Aix, lorsque survint la révolution de 1789, dont un des premiers résultats fut la suppression des administrations pro- vinciales, la division de tout le territoire français en 83 dé- partements, et l'établissement de ce système de centralisation si puissant et si admirable, malgré les nombreux inconvénients que la bureaucratie y a attachés. (Loi du 4 mars 1790).

La province de Provence n'exista plus comme corps ou état séparé ; mais elle ne s'était pas anéantie ; elle était entrée dans l'unité nationale ; elle y faisait accroissement avec biens et charges, droits actifs et passifs, ainsi que l'expliqua la loi du 17 avril 1791.

En effet les articles 2 et 6 de cette loi, déclarent formel- lement *dettes à la charge de la nation*, toutes celles des pays d'États qui ont été autorisées dans les formes ci-devant prescrites et usitées dans les différentes provinces ; et *domaines nationaux*, toutes les propriétés tant mobilières qu'immobilières appartenant, à titre collectif, aux ci-devant pays d'États.

La conséquence de ces principes fut, d'une part, que la Bibliothèque et sa dotation devinrent propriétés domaniales; d'autre part et par réciprocité, que la nation se trouva substituée à la province, pour l'exécution des clauses du testament et le support des charges que celle-ci s'était imposées, lors de l'acceptation du legs.

Malheureusement l'État, dans ces temps de détresse, ne se montra jaloux que de la première partie de ces attributions. Le fisc s'empressa de mettre la main sur les rentes (1), dont heureusement la plus importante n'était pas encore exigible ; mais il n'en employa pas une obole à l'accroissement de la Bibliothèque dont il parut s'inquiéter fort peu, et il négligea tout-à-fait de fournir un local, de le faire approprier à sa destination et de faire les fonds pour les émoluments des bibliothécaire, sous-bibliothécaire, concierge, portier, domestiques, etc.

Les réclamations ne manquèrent pas cependant ; M. de Lagoy fit même imprimer un petit Mémoire qu'il adressa à tous les membres du département, du district et de la municipalité d'Aix. Il y rappelle que le testateur avait mis trois conditions à son legs :

---

(1) Elles furent versées, le 7 septembre 1792, dans la caisse de l'extraordinaire, par M. Bigot de Préameneu, ancien conseil des États de Provence.

« Là première que la bibliothèque serait établie à Aix , pour l'avantage
» du public auquel elle était destinée.....; la seconde que les intérêts
» des sommes importantes, allant à près de 100,000 livres, par lui léguées
» en sus de sa bibliothèque , seraient uniquement et intégralement em-
» ployées à son augmentation en livres nouveaux.....; la troisième que
» tous les frais de transports , de bâtiments , de tablettes , d'arrangements
» de livres , de garçons de bibliothèque , lumière et tous autres objets
» sans distinction seraient à la charge de la province.

» Ce superbe legs avec toutes ses clauses et conditions fut accepté
» avec reconnaissance par l'assemblée générale des communautés , con-
» voquée à Lambesc le 10 décembre 1786. MM. les Procureurs du pays
» furent chargés d'acquérir une maison propre à une bibliothèque.

» Quatre années se sont écoulées sans que cette délibération ait été
» exécutée , et qu'une condition tenant si essentiellement au legs fait *au*
» *public , province et ville d'Aix* , ait été remplie.

» Ce dépôt immense de lumières consacrées au développement des
» connaissances et au progrès des sciences, un tel dépôt, le seul connu
» en Provence, reste caché; les sommes immenses qu'il en a coûté au
» généreux donateur, pour une si précieuse collection, ne produisent
» aucune utilité.

» Le désordre dans lequel sont les livres et les manuscrits a les plus
» grands inconvénients; *ils ont été observés aux administrateurs*, comme
» encore que la partie des livres , qui depuis six ans se trouve dans la
» maison de Madame de Massillian à Avignon , regardée comme un
» embarras, enfermée dans des caisses, y reste exposée à la poussière,
» à la pourriture et à tous les inconvénients du dépôt dans une pièce
» basse.

» Il est de la sagesse et de la justice de l'administration de s'occuper
» incessamment de cette bibliothèque et de la réunion de tous les livres :
» objets qui ont tant coûté de sollicitudes et de dépenses au donateur,
» restant inutiles au public.

2

» Il est temps enfin que la dernière volonté de M. de Méjanes , et
» l'acceptation du legs et l'engagement contracté aient leur pleine et entière
» exécution . . . . . »

L'administration supérieure fut sourde à ces plaintes si vives
et si légitimes. Aucunes mesures ne furent prises par elle ,
pour que la Bibliothèque pût être ouverte au public , et pour
que *les engagements contractés* eussent enfin leur pleine et
entière exécution. Les officiers municipaux d'Aix furent peut-
être même les seuls qui répondirent à M. de Lagoy. Dans
leur lettre en date du 18 janvier 1791 , ils le remercient de
l'intérêt qu'il prend à ce que les intentions de M. de Méjanes
soient pleinement remplies ; ils lui annoncent qu'ils ont délibéré
de présenter aussi un Mémoire pour le même objet ; ils pro-
mettent de veiller soigneusement à ce que les livres qui sont
dans la Maison Commune ne reçoivent aucun détriment , et
d'aviser aux moyens de faire rentrer ceux qui sont encore en
dépôt dans différents endroits.

Si la ville d'Aix ne fut pas alors plus heureuse dans ses
réclamations que ne l'avait été M. de Lagoy , elle tint du moins
sa promesse , veilla religieusement sur la précieuse collection ,
et , grâces aux soins de quelques citoyens éclairés , réussit à
la conserver pour des temps meilleurs.

Les dangers qu'elle courut , à cette époque , furent de plus
d'un genre ; car il paraît que peu de temps après le démem-
brement de la province , les trois départements qui la rem-
placent , élevèrent quelques prétentions au partage. Mais elle
échappa au morcellement comme à la dilapidation , et ce fut
encore la ville d'Aix qui l'en préserva , en la couvrant de son droit.

De son droit, disons-nous et c'est avec intention ; car quoi qu'on ait voulu insinuer à cet égard, l'indivision de la bibliothèque n'est ni une faveur gouvernementale, ni une concession révocable ; mais la conséquence forcée de la *condition* imposée par le testateur au legs de tous ses livres, *d'en tenir* UNE *Bibliothèque ouverte* EN LA VILLE D'AIX, *pour l'avantage du public : condition* d'où découlent, en faveur de la Ville, deux droits distincts et également précieux, INDIVISIBILITÉ et POSSESSION.

Observons même que ce n'est pas taxativement dans la capitale de la Provence que M. de Méjanes ordonne de réunir *tous* ses livres et *tous* ses manuscrits, et d'en tenir *une* Bibliothèque ouverte : c'est *en la ville d'Aix*, sans autre qualification ni désignation. De sorte que tant qu'*Aix* subsistera comme cité (1), elle aura le droit exclusif et indivisible de posséder la Bibliothèque.

Ce droit qui sera l'écueil éternel où viendront échouer toutes les prétentions jalouses des cités voisines, est si évident et si incontestable qu'il fut respecté même dans les temps d'anarchie, de violence, et d'arbitraire. Le gouvernement de cette époque s'empara des rentes, les confisqua, n'en employa aucune partie à l'achat de nouveaux livres, négligea de fournir et de faire approprier un local pour installer et ouvrir la Bibliothèque,

---

(1) Aix est encore le chef-lieu métropolitain, judiciaire, académique et forestier de l'ancienne circonscription provinciale ; mais nous faisons abstraction de cette circonstance, parce qu'aux termes du testament, elle est indifférente au droit de la Ville.

mais repoussa toutes les demandes qui tendaient au morcellement ou à la translation.

La Ville ne tarda même pas, quand l'ordre eut été rétabli
en France, et quand la justice et les lois y eurent repris leur
empire, à obtenir une reconnaissance de ses droits plus explicite
et plus solennelle. Ce fut en l'an 14 (2me de l'Empire) :
l'enseignement public avait été réorganisé sur une base large
et libérale ; des lycées s'ouvraient de toutes parts ; le puissant
génie qui présidait aux destinées de la patrie y avait ranimé ,
sous les auspices de la victoire , le culte des lettres , des
sciences et des arts.....

Mais avant de parler de la décision qui confia à la municipalité d'Aix , l'administration et la surveillance de la Bibliothèque Méjanes, et en prépara ainsi l'ouverture , il est nécessaire , pour éviter les équivoques dans lesquelles est tombée la
défense de l'État , de rappeler sommairement quelques faits et
quelques dispositions législatives concernant l'établissement des
Bibliothèques publiques.

La révolution avait rendu l'État propriétaire d'une immense
quantité de livres , provenant soit de l'adjonction au domaine national des propriétés tant mobilières qu'immobilières
des pays d'états , soit de la suppression des académies , communautés , chapitres, monastères, etc. , soit des confiscations
prononcées contre les émigrés. Ces livres se vendaient partout
à la fois et au plus vil prix , quoique l'adversaire observe
qu'ils étaient inaliénables à cause de leur nature domaniale.
Le fisc ne retirait presque aucun fruit de ces ventes qui n'étaient

en réalité qu'un pillage décoré d'un nom plus honnête, et qui ne profitaient qu'à quelques particuliers au grand détriment de la chose publique.

Pour arrêter ce vandalisme plusieurs mesures furent successivement prises :

La loi du 8 pluviôse an 2, fut d'abord rendue. L'article 4 porte expressément que : « *les Bibliothèques des grandes* » *Communes, celles qui étaient publiques, sont maintenues* (1). » *Il n'y sera rien innové quant à présent ; seulement elles* » *fourniront l'inventaire de tous les livres qui les composent,* » *au comité d'instruction publique.* »

La même loi créa des Bibliothèques publiques dans les districts. Les articles 1 et 6 ordonnent que tous les livres et manuscrits des ci-devant corps et communautés ecclésiastiques, ainsi que ceux des émigrés et condamnés frappés de confiscation,

---

(1) Cette loi du 8 pluviôse an 2, n'ayant jamais été révoquée, ni modifiée au chef qui *maintient les Bibliothèques des grandes Communes et celles qui étaient publiques*, il en résulte que l'existence de notre Bibliothèque se trouve placée sous une triple égide :

1° Le testament de M. de Méjanes qui ne la lègue qu'à condition qu'elle sera ouverte en la ville d'Aix pour l'avantage du public : condition régulièrement acceptée par les états de Provence.

2° La loi du 17 avril 1791, qui en réunissant au domaine les propriétés des pays d'états, déclare dettes nationales toutes les obligations qui avaient été contractées par ces pays, suivant les formes prescrites ou usitées.

3° Enfin la loi du 8 pluviôse an 2, qui maintient sans innovation, les Bibliothèques *des grandes Communes et les Bibliothèques publiques*, et par conséquent la Bibliothèque Méjanes qui a essentiellement ces deux caractères.

seront employés à former ces Bibliothèques, et qu'en conséquence il sera sursis à toutes ventes de ces objets. L'article 2 charge les administrations de district de proposer des édifices *nationaux* capables de recevoir convenablement ces établissements, et l'article 13 en confie *l'administration et la police réglémentaire à la municipalité des lieux.*

Les lois du 7 ventôse et du 3 brumaire an 3, *sur l'organisation de l'instruction publique*, fondèrent encore d'autres Bibliothèques auprès des *écoles centrales.*

Ces nouvelles Bibliothèques durent être composées, comme celles des districts, de livres appartenant à la nation. On en trouve la preuve dans les motifs de la déclaration d'urgence, qui précède la loi du 20 pluviôse an 4, *relative à la nomination et au traitement des Bibliothécaires des écoles centrales :*

« Considérant que dans un grand nombre de Communes de la ré-
» publique, les livres et manuscrits appartenant à la nation dépérissent
» de jour en jour, faute de soins nécessaires à leur conservation; qu'il
» importe à l'instruction, d'où dépend le salut de la république, que
» le conseil prenne les mesures les plus promptes pour conserver les
» livres et manuscrits dont il s'agit, et pour en faire jouir les citoyens (1). »

---

(1) Quoique la ville d'Aix eût été désignée par la loi du 18 germinal an 3, comme siège d'une école centrale, aucune Bibliothèque spéciale n'y fut jamais définitivement organisée pour cette école, les livres auxquels le gouvernement avait donné cette destination ayant été presque immédiatement transférés à Marseille. Le Bibliothécaire fut cependant nommé : ce fut le docteur Gibelin qui, peu de temps après, fut attaché, au même titre, à la Bibliothèque Méjanes.

La loi du 1ᵉʳ complémentaire an 4 chargea ensuite l'Institut national de présenter ses vues : 1º sur la manière la plus avantageuse de composer toutes ces Bibliothèques nationales à établir dans les départements ; 2º sur la nature et le nombre des livres dont il serait possible de se défaire , sans nuire à leur établissement et à leur complétement ; et elle décida de nouveau que jusqu'à ce que l'Institut eût satisfait à cette disposition , il ne serait fait aucune vente , ni échange des livres existants dans les dépôts littéraires.

Vint enfin la loi du 26 fructidor an 5 , qui sur le rapport de l'Institut :

« Considérant qu'il importe d'accélérer l'exécution des mesures propres
» à favoriser , par l'établissement et le complétement des Bibliothèques,
» la propagation des lumières et de faire cesser des dépenses inutiles
» pour la conservation des livres qui doivent être soit répartis entre
» les Bibliothèques , soit aliénés par vente ou échange au profit de la
» république ; »

Ordonna la distribution , entre les Bibliothèques des départements , des livres alors conservés dans les dépôts littéraires , conformément aux vues développées dans le travail de l'Institut ; et détermina les formalités à suivre pour la vente de ceux qui ne devaient pas être compris dans cette distribution.

Cet état des choses subsista jusqu'à la création des lycées, par la loi du 11 floréal an 10 , dont l'article 22 autorisa le gouvernement à déterminer , *à mesure que les lycées seraient organisés, celles des écoles centrales qui devraient cesser leurs fonctions* : loi qui fut bientôt suivie d'un arrêté des consuls , en date du 8 pluviôse an 11 , qui contient les dispositions suivantes :

« Art. 1. Immédiatement après l'organisation des lycées , les Biblio-
» thèques des écoles centrales sur lesquelles les scellés auront été ap-
» posés , seront mises *à la disposition et sous la surveillance de la muni-*
» *cipalité* (1).

» Art. 2. Il sera nommé par ladite municipalité un conservateur de la
» Bibliothèque dont le traitement sera payé aux frais de la Commune. »

Il y avait donc, *en résumé*, trois cathégories de Bibliothèques :

La première comprenait celle des grandes Communes, et généralement toutes celles qui étaient publiques avant la ré-volution , la loi les ayant maintenues. La seconde et la troisième comprenaient celles que la loi avait créées pour les districts et les écoles centrales.

Les premières , étant ou la propriété des Communes ou à leur usage presque exclusif , ne furent jamais entretenues que par elles. Quant aux Bibliothèques des districts et d'écoles centrales , elles furent d'abord à la charge du trésor public (*art. 2 et* 13 *de la loi du 8 pluviôse an 2 , et la loi du 20 pluviôse an 4*). La loi du 11 frimaire an 7 comprit ensuite leur entretien dans les dépenses départementales. Enfin à la suppression des écoles centrales , leurs Bibliothèques et par analogie ou amalgame celles des districts , étaient tombées à la charge des Communes.

Toutes sans distinction étaient placées sous l'administration et la surveillance des municipalités , soit que les livres appar-tinssent à la Commune ou à l'État.

---

(1) Elles étaient auparavant confiées à des Bibliothécaires qui relevaient directement de l'administration départementale.

Telle était la législation sur les Bibliothèques publiques existant dans les départements, lorsqu'en l'an 13, la ville d'Aix, jugeant les circonstances plus favorables, renouvela les instances qu'elle - même et M. de Lagoy avaient si inutilement faites en 1792.

Elles eurent d'abord pour objet d'obtenir l'exécution pure et simple du testament et de la délibération des États du 14 décembre 1786 ; mais dès les premières tentatives, il fut évident que le gouvernement qui venait de se décharger sur les municipalités de l'entretien de toutes les Bibliothèques nationales, ne consentirait jamais à faire une exception à la règle commune en faveur de celle d'Aix.

A la vérité il y avait matière à plaider ; car le testament est formel, l'acceptation par les États des clauses et conditions du legs est expresse, la loi du 17 avril 1791 est précise, et, au besoin, soutenue par celle du 8 pluviôse an 2 : le droit rigoureux était incontestablement en faveur de la ville. Mais y avait-il convenance et sagesse à s'exposer encore, après tant de retards, aux longueurs d'un pareil procès : lorsqu'il était possible que l'État se prévalût, en définitive, d'un fait plus puissant que le droit, l'impossibilité pour le trésor de supporter de telles dépenses au milieu de l'embarras des finances et des dangers de la patrie ?

La municipalité d'Aix ne le pensa pas ; elle crut qu'il fallait céder devant la gravité des circonstances, et sacrifier quelque chose à la juste impatience des habitants. Elle se réduisit donc à demander que la Bibliothèque et les rentes faisant partie de sa dotation, qui avaient été versées, en 1792, à la caisse de l'extraordinaire, fussent mises à sa disposition ; et elle n'insista plus sur l'obligation pour l'État de fournir un édifice , de le faire approprier à sa destination , de l'entretenir et de payer les émoluments du bibliothécaire et des employés.

A l'appui de sa réclamation ainsi modifiée , elle faisait sans doute observer que la loi du 8 pluviôse an 2 avait confié aux municipalités *l'administration et la surveillance réglementaire* des Bibliothèques de district , même à l'époque où elles étaient entretenues des deniers publics; que l'arrêté consulaire du 8 pluviôse an 11 , rendu pour régler l'exécution de la loi du 11 floréal an 10 qui supprime les écoles centrales, venait de mettre pareillement les bibliothèques de ces écoles *à la disposition et sous la surveillance des municipalités*; que la Bibliothèque Méjanes , propriété nationale , n'étant pas d'une autre nature que celles de district ou d'écoles centrales , devait par assimilation être soumise au même mode d'administration ; qu'à la vérité le testament du fondateur dûment accepté , la loi du 17 avril 1791 , et celle du 8 pluviôse an 2 , s'opposaient à ce que la Bibliothèque Méjanes fût jamais déplacée ; mais que cette intransférabilité n'était qu'un motif de plus pour en confier l'administration à la ville qui déjà en avait la possession exclusive.

Ces raisons étaient sans réplique. L'assimilation aux Bibliothèques d'écoles centrales , offrait d'ailleurs au gouvernement l'avantage de se décharger sur la Commune de toutes les dépenses d'installation et d'entretien auxquelles les États s'étaient soumis. Aussi le ministre de l'intérieur s'empressa-t-il de l'accueillir par sa décision , en date du 29 fructidor an 14. Le Conseiller d'État Préfet des Bouches-du-Rhône en avisa le Sous-

Préfet d'Aix, par sa lettre du 6 vendémiaire suivant, en ces termes :

« Je viens de recevoir, Monsieur, une lettre de Son Excellence le
» Ministre de l'intérieur, en date du 29 fructidor dernier, par laquelle il
» m'annonce qu'en vertu de l'arrêté du 8 pluviôse an 11, la Bibliothèque
» léguée aux États de Provence par M. de Méjanes est mise à la dis-
» position et sous la surveillance du corps municipal de la ville d'Aix,
» à la charge par la Commune de pourvoir aux frais d'entretien ; que
» le Maire peut donc dès à présent prendre les mesures qu'il croira né-
» cessaires pour qu'une aussi riche collection cesse de rester inutile, et
» que le public n'en soit pas plus long-temps privé ;

» Qu'à l'égard des rentes qui ont été aliénées en 1792, le gouverne-
» ment ne peut faire droit à la demande en restitution, attendu la loi
» du 17 avril 1791, qui déclare domaines nationaux toutes les propriétés,
» tant mobilières qu'immobilières, appartenant à titre collectif aux ci-
» devant pays d'États.

» Je vous invite à donner connaissance de ces dispositions au maire
» de la ville d'Aix, et à l'inviter à accélérer l'époque de l'ouverture de
» cette Bibliothèque au public. »

Si l'assimilation établie entre la Bibliothèque Méjanes et celles des ci-devant écoles centrales, et conséquemment si les dispositions de l'arrêté du 8 pluviôse an 11, servent de motif ou de prétexte à la partie de cette décision par laquelle la Commune est chargée *de pourvoir aux frais d'entretien* ; on n'y justifie pas aussi bien pourquoi les rentes sont retenues, et ne suivent pas le sort de l'établissement auquel elles sont attachées.

C'est, dit la lettre, que la loi du 17 avril 1791 les avait déclarées *propriétés nationales*. Mais cette même loi avait aussi déclaré *dettes nationales*, toutes celles qui avaient été réguliè- rement contractées par les États, et de ce nombre l'obligation d'employer intégralement lesdites rentes à l'accroissement de la Bibliothèque. L'excuse est donc absurde.

Elle est de plus contradictoire avec la partie principale de la décision. Car enfin les rentes n'ont ni une autre origine ni une autre nature que la Bibliothèque elle-même ; elles composent sa dotation ; elle ne font avec elle qu'un tout indivisible ; comment donc concilier la retenue de ces rentes, parce qu'elles sont nationales, et le délaissement de la Bibliothèque qui ne l'est pas moins ?

Le seul motif véritable et plausible, quoiqu'il soit presque passé sous silence et ne soit indiqué que par un seul mot, c'est que ces rentes avaient été ou ALIÉNÉES EN 1792 pour les besoins de l'État, ou s'étaient éteintes par force majeure, établies qu'elles étaient soit sur des émigrés, soit sur des corps et communautés supprimés. L'État ne les possédant plus, quand on lui demanda d'en faire jouir la Bibliothèque, ne put les mettre, comme celle-ci, à la disposition de l'autorité municipale, et ne voulut pas grever le trésor d'un remplacement onéreux.

Quoi qu'il en soit des motifs de la décision, il est certain, et nous devons le faire observer dès à présent, qu'elle ne s'applique qu'aux rentes *aliénées* en 1792, dont *la restitution* avait été demandée par la ville d'Aix, et nullement à celle de 2000 livres sur M. de Lagoy, dont l'État n'a jamais eu la jouissance, qu'il n'a pas pu aliéner, et pour laquelle on n'a jamais eu rien à lui demander avant le procès actuel.

Les biens perdus dans un grand naufrage rendent plus chers ceux qu'on a sauvés. La ville d'Aix se consola de la privation des rentes par les soins empressés, assidus, et en quelque sorte affectueux, que ses administrateurs apportèrent à l'organisation de la Bibliothèque, et dans lesquels ils furent puissamment secondés par le zèle et les lumières de M. Gibelin.

« Dès le 15 pluviôse (4 février 1805), » dit M. Rouard, dans le savant ouvrage qu'il a publié sous le titre modeste de *Notice sur la Bibliothèque d'Aix*, (page 142), « le Conseil municipal avait délibéré, » sur la proposition de M. Sallier, que la Bibliothèque serait placée » dans les salles de l'Hôtel-de-Ville disposées à cet effet. Les travaux » préparatoires commencèrent bientôt, et grâces à l'administration éclairée » et vigilante de MM. de Fortis et de Saint-Vincens, successivement » Maires après M. Sallier, grâces aux diverses allocations votées par un » Conseil municipal qui appréciait toute l'importance de l'établissement » pour la cité, la Bibliothèque fut solennellement ouverte au public, le » 16 novembre 1810, sous la seconde mairie de M. de Fortis. »

Depuis cette époque, la ville d'Aix n'a cessé de faire des sacrifices considérables pour l'entretien et l'ornement de ce bel établissement. S'associant à la pensée du généreux fondateur, elle a pris successivement toutes les mesures propres à en rendre l'accès commode, à y faciliter le travail et les recherches, et par-là à en augmenter l'utilité pour le public. Enfin, elle a suppléé par des allocations annuelles sur son budget, aussi considérables que l'état de ses finances le lui a permis, à la perte, entre les mains du fisc d'une partie de la dotation.

Il n'est pas sans intérêt de présenter ici le tableau de toutes les dépenses faites jusqu'à ce jour.

D'après une note de M. le Maire, jointe au dossier, la ville avait dépensé, depuis 1806 jusques et compris 1823, tant pour l'installation et accroissement de la Bibliothèque, que pour traitement du bibliothécaire et des employés.... 59,799 fr.

Dans cette somme n'est point comprise celle de 15 ou 18,000 fr. qu'a coûté le cabinet de M. de Saint-Vincens. Il est vrai que ce cabinet consistait surtout en *antiquités* ; mais on acquit en même temps les *manuscrits* au nombre de plus de cent, et quelques centaines de volumes qui s'y rattachaient. Ces livres et manuscrits annexés à la Bibliothèque, doivent figurer, dans le prix total, pour environ............................... 2,000 fr.

Depuis 1823, le budjet de la ville a porté pour chaque année l'allocation de la Bibliothèque à la somme de 4000 fr., ce qui pour dix années fait, 40,000 fr.

En 1831 , on a acheté la maison Billot, contiguë à l'Hôtel-de-Ville , et destinée à former une quatrième salle pour la Bibliothèque. Le prix a été de (1)................................... 10,000 fr.

Enfin en 1833, le Conseil municipal a voté, pour ameublement et appropriation d'une pièce qui sera chauffée pendant l'hiver, la somme de........ 400 fr.

Total dépensé jusqu'à ce jour...... 112,199 fr.

---

(1) Il en coûtera bien encore huit ou dix mille francs pour la construction de cette salle. Mais cette dépense n'étant en ce moment ni faite ni votée , nous ne la passons pas en ligne de compte.

Cette somme de 112,199 fr. , à peine suffisante pour conserver et utiliser la précieuse collection léguée par M. de Méjanes, n'a pas permis de la compléter et de l'accroître successivement par l'acquisition de tous les ouvrages marquants publiés depuis 1786. Aussi, malgré les dons multipliés qui lui ont été faits par de généreux citoyens (1), malgré la portion qui lui a été allouée dans les distributions de livres faites par le Gouvernement, des vides et des lacunes considérables s'y font remarquer. Elle est restée à peu près stationnaire, au lieu de suivre les mouvements qui se sont opérés dans la république des lettres ; et elle n'offre qu'un monument imparfait des belles découvertes de la chimie et de la physique, des progrès des sciences morales et politiques, du développement des arts industriels, des innovations hardies de la littérature, et de tous les travaux qui, dans l'histoire de l'esprit humain, signaleront notre âge.

Un tel état de choses n'est pas seulement contraire au vœu de M. de Méjanes, il est inquiétant pour l'avenir de la Bibliothèque. Car, comme l'a dit M. Rouard, dans l'ouvrage déjà cité (page 225), *si ce dépôt restait délaissé et sans accroissement, l'activité du bibliothécaire ne l'empêcherait pas de n'être tôt ou tard qu'un objet onéreux de luxe, à la garde*

---

(1) Il y aurait de l'injustice à ne pas accorder une mention spéciale au docteur Baumier, qui par son testament a légué à la Ville tous ses livres, s'élevant à plus de 6000 volumes, pour être joints à la Bibliothèque Méjanes.

duquel suffirait une espèce de concierge pour le montrer aux curieux, et qui n'intéresserait plus que les savants et les antiquaires.

Heureusement le mal n'est pas sans remède. Une partie de la dotation de la Bibliothèque a échappé, jusqu'à ce jour, au fisc et à tous les fâcheux accidents qui auraient été la suite de sa prise de possession : c'est la rente de 2000 livres, imposée à M. de Lagoy, et exigible à partir du décès de Madame la marquise de Méjanes, survenu le 19 août 1827 (1).

Dès le 28 janvier de l'année suivante, M. le maire d'Aix réclama le payement de cette rente pour *l'employer uniquement et intégralement à l'augmentation de la Bibliothèque*, suivant le vœu du fondateur. Mais M. de Lagoy se fit quelques difficultés sur le droit de la Ville à la perception directe, parut craindre de ne pas se libérer valablement en ses mains, et d'être un jour inquiété par le domaine. Une correspondance s'engagea, de longs pourparlers eurent lieu pendant lesquels les arrérages s'accumulèrent. Ils s'élevaient déjà à 8000 livres en 1832, quand, à défaut par les parties d'avoir pu s'entendre, s'engagea le procès important dont nous allons analyser les actes, afin de bien poser les questions qu'il offre à juger.

---

(1) Madame Marie Gabrielle de Massillan, veuve de J.-B. Marie Piquet de Méjanes, née à Avignon, est morte à l'âge de 87 ans, le 19 août 1827, en son château de Beauchamp, commune d'Uchaux, arrondissement d'Orange.

Analyse des Procédures et Position des Questions.

Après avoir rapporté une consultation favorable de MM.
Bouteille , Bernard et Perrin , et obtenu du conseil de préfec-
ture l'autorisation de poursuivre en justice le payement de la rente
dont s'agit, M. Chambaud, Maire d'Aix fit, par exploits des 21,
24 et 25 avril 1832 , citer les hoirs de M. Jean-Baptiste-Flo-
rentin Meyran marquis de Lagoy, savoir : M. Roger de Lagoy
fils ; M. le baron de Chabert en qualité de tuteur de ses enfants mineurs , représentant la dame Louise-Constance-Char-
lotte de Lagoy leur mère ; M. de Forton en qualité de tuteur
de ses enfants mineurs , et la dame Albertine de Forton, épouse
de M. Hypolite de Fontmichel , représentant Anne-Adélaïde-
Césarie de Lagoy, leur mère ;

« Aux fins de se venir voir condamner au payement de la somme de
» huit mille livres , montant de quatre annuités de la rente de 2000 li-
» vres , courues depuis le 20 août 1827, jour du décès de la dame veuve
» marquise de Méjanes.... Ladite rente au principal de 40,000 livres,
» léguée par feu M. le marquis de Méjanes, dans son testament du 26
» mai 1786.... , pour , y est-il dit, *être employée uniquement et inté-*
» *gralement à l'augmentation de la Bibliothèque...* »

Sur cet ajournement, et par exploit du 11 mai 1832 , M.
de Forton fit signifier un acte de renonciation à la succession
de M. de Lagoy, en date du 11 novembre 1829. Dès ce moment, ses enfants ont été considérés comme n'étant plus en
qualité dans le procès.

4

Le 2 juin 1832 , la Ville fit signifier des conclusions absolument conformes aux fins de l'exploit d'ajournement.

MM. de Lagoy et de Chabert y répondireut, le 23 du même mois , en demandant le déboutement de la Ville et leur relax d'instance ;

« Attendu que la ville d'Aix est sans qualité pour réclamer la pension » de 2000 livres léguée à la province de Provence , sous la direction » de MM. les Procureurs de ladite province de Provence, et de MM. les » Syndics de la noblesse, avec la condition expresse que la pension » ainsi que les autres fonds légués , seraient employés à l'acquisition de » nouveaux livres , sans qu'il puisse en être distrait la plus légère somme » sous quelque prétexte que ce soit ; — Attendu que la ville d'Aix et » l'administration qui la représente , ne tiennent en aucune manière la » place des autorités désignées par M. le marquis de Méjanes , comme » devant administrer les capitaux et percevoir les rentes léguées ; — » Attendu que s'il est incontestable que l'administration municipale d'Aix » n'est pas l'héritier naturel de la province de Provence , et son conseil » municipal le successeur, le représentant des États , des Procureurs du » pays et des Syndics de la noblesse , l'action de M. le Maire , en la » qualité qu'il agit , doit être repoussée *defectu potestatis ; — Attendu* » *que le legs de* 40,000 *livres est devenu caduc par l'inexécution des* » *conditions auxquelles les legs de diverses sommes étaient soumis.* »

La réponse à la première partie de ces conclusions était simple et facile ; le jugement de l'affaire n'eût éprouvé aucuns retards, si les hoirs de Lagoy s'y fussent bornés.

En effet , le droit de la Ville dérive des lois et arrêtés qui lui ont confié l'entretien et l'administration de la Bibliothèque. Poursuivre le payement d'une rente qui constitue la dotation de cet établissement , en percevoir les arrérages , sont des actes essentiellement administratifs ; la Ville ne pouvait donc pas être repoussée comme agissant sans titre et sans qualité.

Mais les adversaires avaient élevé une autre objection , celle de la caducité du legs de 40,000 livres , résultant de l'inexécution des conditions imposées par le testateur à ses autres libéralités. Cette objection portant sur le fond du droit , sur le capital de la rente , intéressait principalement l'État , et ne pouvait même être légalement repoussée que par lui , soit comme propriétaire , soit comme auteur et responsable des actes qui ont détourné de leur destination une partie des fonds légués pour l'augmentation de la Bibliothèque. — Il fallut donc le mettre en cause , et cela entraîna nécessairement quelques nouvelles procédures.

Le 1er septembre 1832 , M. le Maire fit donner ajournement à M. le Conseiller d'État , Préfet des Bouches-du-Rhône ,

« Aux fins de venir assister en l'instance introduite par la ville d'Aix,
» contre les héritiers de M. de Lagoy ; voir dire et ordonner que la ville
» d'Aix a droit à l'exaction et recouvrement de la rente de 2000 livres
» dont s'agit, *ainsi que du principal d'icelle, au cas de remboursement*
» *ou d'exigibilité s'il y a lieu* (1) ; et en conséquence voir entériner les
» fins de la demande formée contre lesdits hoirs de Lagoy. »

---

(1) Dans les conclusions et dans la plaidoirie on a renoncé à cette perception du capital , dont il n'est question ici que par erreur ; et l'on a consenti à ce qu'en cas de remboursement , ce capital fût placé en rentes sur l'État. Toutes les exigences seraient ainsi satisfaites ; l'État aurait en mains les 40,000 livres auxquelles il succède comme représentant la province de Provence ; et la municipalité d'Aix percevrait les arrérages , sous l'obligation d'en faire , comme chargée de l'administration de la Bibliothèque, l'emploi exigé par le fondateur.

M. le Préfet crut devoir consulter l'administration supérieure sur la conduite qu'il devait tenir. Les pièces et l'exploit d'ajournement furent envoyés à Paris. Malheureusement cet acte n'a pas été libellé avec assez de précision : au lieu de se borner à réclamer la perception exclusive des arrérages, et à provoquer le concours du Gouvernement pour repousser les exceptions foncières des hoirs de Lagoy, on y élève des prétentions à la propriété du capital. Ces prétentions évidemment mal fondées, attirèrent presque exclusivement l'attention du Conseil d'administration des domaines et du Conseil d'État, et la détournèrent des questions essentielles, et spécialement de celle de savoir si la ville d'Aix, chargée de l'administration et de l'entretien de la Bibliothèque, n'a pas le droit d'administrer aussi la dotation qui en est indivisible, d'en percevoir les revenus, et d'en faire elle-même l'emploi prescrit.

Le 19 octobre 1832, le Conseil d'administration des domaines donna un premier avis tendant à la REVENDICATION PURE ET SIMPLE DE LA PROPRIÉTÉ DE LA RENTE.

M. le Secrétaire général du ministère des finances combattit cet avis dans des observations qui portent la date du 23 octobre, et où il conclut aussi à ce que l'administration des domaines soit autorisée à intervenir dans l'instance pour y REVENDIQUER LA PROPRIÉTÉ DE LADITE RENTE, *mais en reconnaissant que cette rente doit être selon le vœu du testateur employée en acquisition de livres destinés à la Bibliothèque dont la ville d'Aix a été mise en possession par un arrêté du 29 fructidor an 13, en exécution d'un arrêté consulaire du 8 pluviôse an 11.*

Le 26 octobre , le Conseil d'administration des domaines déclara persister dans sa première délibération. Le 30 du même mois , M. le Secrétaire général des finances démontra par de nouvelles observations la nécessité de respecter l'affectation spéciale de la rente.

Ce fut en l'état de ces avis que l'affaire fut soumise au Comité des finances du Conseil d'État. Voici comment la question y fut posée et résolue , le 5 novembre 1832 :

« Le Comité des finances, sur le renvoi qui lui a été fait par M. le
» Ministre secrétaire d'État au même département , de deux avis du Con-
» seil d'administration de l'enregistrement et des domaines , en date des
» 19 et 26 octobre dernier, approuvés par le directeur général de cette
» administration ; et des observations présentées contrairement auxdits
» avis par M. le Secrétaire général des finances , *concernant la question*
» *de savoir s'il y a lieu*, par M. le Ministre des finances , d'autoriser
» l'administration des domaines *à intervenir* dans une instance pendante,
» entre la ville d'Aix et les héritiers de Lagoy , *pour y revendiquer, au*
» *profit de l'État , la propriété pure et simple d'une rente* léguée par feu
» M. de Méjanes (dont M. le marquis de Lagoy était légataire universel),
» à l'ancienne province de Provence , pour être employée uniquement et
» intégralement à l'augmentation de la Bibliothèque , également léguée par
» lui à ladite Province , à la condition de la tenir ouverte au public en
» la ville d'Aix ;...
....

» Considérant, que si par l'arrêté du 29 fructidor an 13 , la ville
» d'Aix a été mise en possession de la Bibliothèque de M. de Méjanes,
» *cet arrêté ne l'a point investie en même temps de la propriété des*
» *diverses rentes* destinées à l'acquisition de nouveaux livres pour l'aug-
» mentation de cette Bibliothèque , et que cette Ville est par conséquent

» sans qualité pour réclamer des héritiers de Lagoy le payement de la-
» dite rente (1);

» Que l'article 6 de la loi du 12—17 avril 1791 , ayant déclaré do-
» maines nationaux toutes les propriétés immobilières et mobilières des
» ci-devant pays d'états , l'État peut seul *revendiquer* la rente devenue
» exigible par le décès de Mme de Méjanes ; mais que l'État ayant, aux
» termes de ladite loi, succédé aux dettes et aux charges, en même temps
» qu'aux biens des ci-devant pays d'états , et le legs de 2000 livres de
» rente n'ayant été fait par M. de Méjanes qu'à la condition de l'em-
» ployer uniquement et intégralement à l'acquisition de nouveaux livres
» destinés à l'augmentation de sa Bibliothèque, l'État , en recueillant le
» legs, ne saurait se dispenser d'accomplir ladite condition ;

» Qu'il ne résulte pas de ladite obligation que l'État soit sans intérêt
» pour *revendiquer* , à cette condition, ladite rente , et que s'il n'appa-
» raît pas d'un intérêt pécuniaire actuel et immédiat , *l'État ne doit pas*
» *moins réclamer cette propriété* dans l'intérêt public, dans celui des let-
» tres , *sauf à prendre ensuite avec* la ville d'Aix , tels arrangements qui
» pourront paraître convenables ;

» Est d'avis qu'il y a lieu , de la part de M. le Ministre des finances,
» de prescrire à l'administration des domaines de comparaître sur l'as-
» signation donnée à l'État par la ville d'Aix , *pour soutenir qu'à l'État*
» *seul appartient le droit de revendiquer la rente de* 2000 *livres* , et en
» même temps d'introduire une demande principale, en payement de

---

(1) Il est vrai que l'arrêté du 29 fructidor an 13, n'a pas investi la ville
d'Aix de la *propriété* des rentes, mais il n'est pas juste d'en conclure qu'elle
n'en puisse pas réclamer les arrérages échus et à écheoir ; car il suffit pour
cela , et le Conseil d'État n'eût pas manqué de le reconnaître si la question
lui avait été présentée sous ce point de vue, qu'elle soit investie de l'administration et chargée de l'entretien.

» ladite rente , contre les héritiers Lagoy ; sauf à prendre ensuite de
» concert avec M. le Ministre de l'instruction publique , telles mesures
» qui paraîtront convenables à l'effet d'accomplir les conditions impo-
» sées par la volonté du testateur. »

Cet avis , qui n'a pour objet que de tracer à l'administration la marche qu'elle doit suivre , et qu'il ne faut pas confondre avec une décision contradictoire entre parties , fut approuvé par M. le Ministre des finances , le 7 novembre 1832.

Dès le 24 décembre suivant , il fut exécuté à la diligence de
M. le Directeur de l'enregistrement à Marseille , par la signification aux hoirs de Lagoy, d'un ajournement aux fins de venir
s'entendre condamner au payement.

Après avoir introduit cette instance , l'État répondit à l'acte
de mise en cause du 1er septembre 1832, en faisant signifier à M.
le Maire d'Aix des conclusions motivées , sous la date du 27
avril 1833 , tendant à ce que la rente de 2000 livres *soit
déclarée appartenir à l'État, seul propriétaire de ladite rente* ,
au moyen de ce , la Ville démise et déboutée de sa demande ,
tant par fins de non recevoir qu'autrement.

Le 20 mai 1833 , les instances introduites par la Ville et
par l'État , furent jointes , pour être statué sur le tout par un
seul et même jugement.

Avant les plaidoiries , toutes les parties renouvelèrent leurs
conclusions.

L'État persista à demander le déboutement des prétentions
de la Ville , et la condamnation des hoirs de Lagoy.

La ville d'Aix rectifiant l'erreur qui s'était glissée dans l'a-
journement du 1er septembre 1832 , conclut à ce que , *sans*

*s'arrêter à la demande formée au nom de M. le Préfet ,
quant aux arrérages de la rente dont il s'agit , sous la réserve néanmoins de tous les droits de l'État pour la nue
propriété de ladite rente et de tous ses droits de surveillance,*
les hoirs de Lagoy fussent condamnés au payement, en faveur
de ladite ville d'Aix , de la somme de 10,000 livres , montant
de cinq annuités.

Quant aux hoirs de Lagoy , ils prirent d'abord les conclusions suivantes :

« En ce qui concerne les prétentions de la ville d'Aix :

» Attendu qu'aux termes de l'article 910 du Code civil , une Commune
» ou un établissement d'utilité publique , ne peuvent recevoir un legs
» sans y avoir été expressément autorisés par une ordonnance royale ;

» Attendu que la ville d'Aix ne produit pas l'ordonnance royale par
» laquelle elle aurait dû être autorisée à accepter le legs qu'elle réclame ;

» Attendu en second lieu que la ville d'Aix est sans qualité , sans droit
» et sans action contre les héritiers de Méjanes , à raison du legs fait
» par celui-ci à la province ;

» Attendu au fond , que ce legs était conditionnel , et que les condi-
» tions sous lesquelles il avait été fait n'ayant pas été remplies , il est
» devenu caduc ;

» Conclut à ce que la ville d'Aix soit déboutée de ses demandes et
» de ses prétentions , tant par fins de non recevoir qu'autrement , et
» reconventionnellement à ce qu'elle soit condamnée à restituer aux hé-
» ritiers de Méjanes la somme de 56,000 livres qui ont été payées à
» la province aussitôt après le décès du sieur de Méjanes ; le tout avec
» intérêts et dépens.

» En ce qui concerne l'État :

» Attendu que l'État ne représente point l'ancienne province de Pro-
» vence ;

» Attendu, au fond, que ce legs était fait sous une condition qui n'a
» point été remplie , et qu'il est par conséquent devenu caduc ;

» Conclud à ce que l'État soit débouté de sa demande, tant par fins
» de non recevoir qu'autrement; et réconventionnellement à ce qu'il soit
» condamné à restituer aux héritiers de Méjanes la somme de 56,000 li-
» vres qui out été payées à la province aussitôt après le décès du sieur
» de Méjanes, avec intérêts et dépens. »

Après la plaidoirie de l'État , les hoirs de Lagoy désespérant
sans doute de faire admettre *de plano* leurs conclusions principales , firent signifier un acte de conclusions subsidiaires, en
ces termes :

« Attendu que l'État est convenu à l'audience d'hier qu'il s'était em-
» paré des 56,000 livres payées à la province de Provence , en août
» 1787 , par l'héritier du sieur de Méjanes , en exécution du testament
» de ce dernier ;

» Attendu que l'État est également convenu que cette somme n'avait
» jamais reçu l'emploi auquel M. de Méjanes l'avait destinée ; mais qu'il
» s'est fait une fin de non recevoir contre les hoirs de Lagoy , de ce
» qu'ils ne l'avaient pas mis en demeure de donner à ces fonds l'emploi
» qu'ils devaient avoir ;

» Attendu que les hoirs de Lagoy sont toujours à temps de mettre
» l'État en demeure , et qu'il est d'autant plus à propos de le faire dans
» ce moment , que l'État réclamant des hoirs de Lagoy le payement d'une
» partie du même legs, ceux-ci ont évidemment le droit d'exiger qu'il
» leur soit justifié de l'emploi des 56,000 livres qui ont été déjà payées
» au même titre par leur auteur ;

» Conclud subsidiairement à ce qu'il plaise au Tribunal ordonner,
» ayant dire droit au fond, que l'État justifiera en forme légale que de-
» puis 1787 , époque de la livraison des premières rentes au capital de
» cinquante-six mille livres , ces rentes ont été entièrement et exclusi-

» vement employées par lui en l'achat de livres pour la Bibliothèque
» Méjanes (1) ;

» Et à défaut, par l'État, de faire cette justification dans un délai
» donné, il sera condamné à employer en achat de livres pour la Bi-
» bliothèque Méjanes, dans le délai d'un mois, la somme de 128,800
» livres, montant des 46 années de 2800 livres de rente courues depuis
» 1787 jusqu'en 1833 ; — et faute par l'État de ce faire, il plaira au
» Tribunal déclarer que le legs des rentes fait à la province de Provence
» est annulé au profit du légataire universel du sieur de Méjanes ; le tout
» avec dépens. »

En dernière analyse, toutes ces conclusions des hoirs de
Lagoy, principales, réconventionnelles et subsidiaires, soule-
vaient, contre l'État, les questions suivantes :

1° L'État représente-t-il la ci-devant province de Provence,
et à ce titre, doit-il être reconnu créancier du capital de la
rente de 2000 livres, faisant partie de la dotation de la Bibliothèque ?

2° Le legs est-il caduc pour cause d'inexécution des conditions ?

3° Par suite de cette caducité, y a-t-il lieu de décharger
les hoirs de Lagoy du payement de la rente de 2000 livres,
et de leur accorder le remboursement des 56,000 livres déjà
payées à la province ?

4° Faut-il, tout au moins, soumettre l'État à employer au

____

(1) Il est bizarre qu'après avoir pris acte de l'aveu fait par l'État qu'il
n'a jamais employé aucune partie des rentes en achat de livres, on lui
demande de prouver précisément le fait contraire.

profit de la Bibliothèque , la somme de 128,800 livres, montant des rentes qu'il a perçues , ou dû percevoir, depuis 1787 jusqu'en 1833 ?

5° Enfin , à défaut par l'État de faire cet emploi dans le mois de la signification du jugement à intervenir , y a-t-il lieu d'annuler , au profit de l'héritier de M. de Méjanes, le legs de rentes fait à la province de Provence ?

Toutes ces questions ont été discutées avec talent et érudition , non-seulement dans la plaidoirie prononcée à l'audience au nom de l'État , mais encore dans un Mémoire imprimé. Il y aurait témérité et présomption à chercher à ajouter quelque chose à la solidité et à la force des raisonnements qui y sont présentés pour repousser l'objection tirée du défaut de qualité , et qui ont pour base :

1° Le texte formel de la loi du 17 avril 1791 , qui déclare domaines nationaux, toutes les propriétés tant mobilières qu'immobilières , possédées, à titre collectif, par les ci-devant pays d'États , qui substitue , par conséquent , la nation à la province de Provence , et lui donne droit et qualité pour l'exercice de toutes les actions concernant ces propriétés ;

2° La reconnaissance de ce droit consignée dans deux écrits de M. de Lagoy père : le Mémoire qu'il publia en 1790 , et sa lettre , au Maire d'Aix, en date du 10 mai 1828.

Quant à la caducité du legs pour cause d'inexécution des conditions, l'État l'a repoussée en excipant de la loi du 13 septembre 1792, qui ordonne *la vente de toutes les rentes constituées en argent appartenant à la nation*, et le versement du prix à la caisse de l'extraordinaire. Cette vente forcée constitue un cas de force majeure, qui a mis l'administration dans l'impossibilité légale de donner aux rentes qui lui furent livrées, le 7 septembre 1792, la destination prescrite par le testateur.

On s'est encore prévalu, dans l'intérêt de l'État, des lois des 29 septembre 1791 et 3 septembre 1792, qui prescrivent aux créanciers des ci-devant pays d'États, de remettre leurs titres et de faire liquider leurs créances; et l'on a ajouté que si, à défaut d'accomplissement de ces formalités, la dotation de la Bibliothèque se trouvait frappée de la déchéance définitive prononcée par la loi du 9 brumaire an 2, M. de Lagoy ne pouvait en accuser que lui-même : lui qui, comme héritier universel, était chargé de faire respecter les volontés de M. de Méjanes, d'en assurer l'exécution, en se conformant à toutes les prescriptions des lois, et qui seul, à cette époque où les droits de la ville d'Aix n'étaient pas encore reconnus, avait un titre et une qualité incontestables pour réclamer contre les envahissements du Fisc.

Enfin l'on a invoqué, pour l'État, la prescription résultant de ce que 48 ans se sont écoulés, sans qu'on l'ait poursuivi en payement de son obligation.

Chacun de ces moyens nous paraît décisif; mais si nous nous faisions illusion, il resterait encore à la justice, pour s'abstenir de prononcer la caducité du legs, un motif dont le fisc n'a pas parlé, parce qu'il redoute les conséquences de son admission; mais dont les hoirs de Lagoy ont eux-mêmes reconnu la puissance, tant il est péremptoire : C'est que *l'État n'a jamais*, jusqu'à la signification de leurs dernières con-clusions, *été mis en demeure* de remplir ses obligations.

Nous nous en rapportons à la sagesse du Tribunal du soin d'ordonner tout ce que de droit, dans le cas, d'ailleurs fort improbable, où reconnaissant l'insuffisance des exceptions de force majeure et de prescription, il ne se déciderait que par le défaut de mise en demeure ; et nous passons aux objections qui sont élevées contre la prétention particulière de la Ville. Elles donnent lieu à l'examen des questions suivantes :

1° La ville d'Aix a-t-elle le droit de percevoir directement les arrérages échus et à écheoir de la rente de 2000 livres ?

2° Peut-on lui opposer utilement qu'elle n'a pas été autorisée par ordonnance royale, à accepter le legs de M. de Méjanes ?

Les hoirs de Lagoy n'avaient pas relevé ce prétendu défaut d'autorisation dans leurs premières conclusions, signifiées le 23 juin 1832 ; mais l'on ne doit pas s'étonner qu'ils se soient ravisés sur ce point, puisqu'ils s'animent et s'enhardissent en plaidant, au point de former une demande réconventionnelle, que nous ne savons comment réfuter, autrement qu'en la signalant, tant elle est injuste et absurde : celle du rembour-sement par la Ville de 56,000 livres que, de leur propre aveu, elle n'a jamais touchées, et que, d'autre part, ils ré-clament une seconde fois contre l'État, pour n'en avoir pas fait emploi au profit de la Bibliothèque.

DISCUSSION.

*La Ville d'Aix a-t-elle le droit de percevoir,
directement et sans intermédiaire, la rente de
2000 livres, faisant partie de la dotation de la
Bibliothèque Méjanes ?*

Pour que la solution de cette question ne laisse rien à désirer,
nous allons l'examiner successivement sous le rapport de l'intérêt
des parties, des intentions du fondateur, des convenances
littéraires et du droit.

1° INTÉRÊT DES PARTIES.

Deux adversaires contestent à la Ville le droit de percevoir
directement et sans intermédiaire la rente de 2000 livres, et
cependant aucun d'eux n'a le moindre intérêt à cette contestation. Qu'importe, en effet, aux hoirs de Lagoy de payer à
la Ville ou au Fisc, puisqu'ils n'en doivent payer ni plus ni
moins ?... Qu'importe à l'État que la Ville, comme possédant
et administrant la Bibliothèque, touche des mains du fisc ou
des mains des hoirs, puisque, dans un cas comme dans l'autre,
la somme entière doit être employée à enrichir ce monument

littéraire, et qu'aucune partie n'en peut être divertie pour d'autres usages privés ou publics ?...

Vainement les hoirs diraient-ils qu'ils ont intérêt à se libérer valablement, et à ne pas rester exposés aux poursuites du fisc. Cette excuse était bonne, lorsque l'État n'avait pas encore été mis en cause, et qu'ils étaient menacés d'une seconde réclamation pour le même objet. Nous concevions alors leurs craintes et leur résistance ; mais nous ne savons comment nous les expliquer aujourd'hui que, l'État se trouvant représenté au procès, le jugement à intervenir doit être exécutoire et définitif à son égard, comme à l'égard de toutes les autres parties.

Les hoirs de Lagoy ont-ils bien réfléchi aux conséquences du parti qu'ils ont adopté? Se sont-ils pénétrés des obligations que leur impose le titre d'héritiers de M. de Méjanes, ce généreux bienfaiteur de la cité? N'ont-ils pas craint, en s'efforçant d'enlever à celle-ci la perception directe de la rente et de la mettre entre les mains du fisc, de méconnaître les sages et prudentes intentions de leur noble parent, et de rendre plus difficile et plus douteuse l'exécution de ses volontés? N'ont ils pas craint surtout de renouveler, pour ce qui reste de la dotation, les chances où une portion considérable a déjà péri, et de démentir enfin les protestations réitérées de leur respectable père?

S'ils veulent être édifiés sur toutes ces choses, et si leurs souvenirs ne suffisent pas, qu'ils lisent seulement l'avis du conseil d'État, du 5 novembre 1832, et la lettre de leur père, en date du 10 mai 1828.

Ils verront, dans la première de ces pièces, qu'après mille
lois, rendues dans une période de 20 années pour réparer les
confiscations passées, après deux Chartes qui ont proscrit les
confiscations à venir, il se trouve encore à Paris un conseil
d'administration des domaines, qui propose de confisquer la
rente dont il s'agit (ou ce qui revient au même de la revendiquer, sans se soumettre aux charges et conditions d'emploi),
qui persiste dans cet avis, malgré les observations contraires
du Secrétaire général des finances (1), et qui ne cède enfin
qu'à l'autorité supérieure du Conseil d'État, s'il ne se borne
pas toutefois à ajourner ses prétentions.

Ils verront, dans la seconde, combien les dangers que
courrait la rente entre les mains du fisc, dangers qui ne sont
malheureusement que trop évidents, préoccupaient M. de Lagoy.

---

(1) « Le Comité des finances, sur le renvoi qui lui a été fait par M. le
» Ministre : . . . .

» Vu le rapport fait au conseil d'administration de l'enregistrement et
» des domaines, dans la séance du 19 octobre dernier, par le sous-directeur
» chargé de la première division, et le premier avis émis le même jour,
» conformément aux conclusions dudit rapport, par le conseil d'adminis-
» tration, ledit avis approuvé par M. le directeur général, le 20 du même
» mois, *tendant à la revendication pure et simple de la propriété de ladite rente ;*

» Vu les observations présentées à l'encontre par M. le secrétaire général
» des finances. . . . ;

» Vu le second avis mis au bas du nouveau rapport présenté par le même
» sous-directeur, avis approuvé par M. le directeur général, le 27 du même
» mois, par lequel *le conseil d'administration persiste dans sa délibération. . .* »

Tout en reconnaissant, disait-il, *les droits qu'il peut avoir pour réclamer la délivrance du legs, j'établis aussi ceux sur lesquels je me fonde, comme héritier et exécuteur testamentaire pour faire exécuter, dans tout leur contenu, les conditions apposées à ce legs, et entre autres l'emploi des fonds légués en acquisitions de livres, sans qu'il puisse en être distrait la plus légère somme, etc.* ... ET C'EST A CE SUJET QUE JE DEMANDAIS QUELS SERAIENT LES MOYENS A PRENDRE PAR LE DOMAINE, POUR QUE CETTE CLAUSE SI ESSENTIELLE DU TESTAMENT PUT ÊTRE REMPLIE *conformément aux intentions de M. de Méjanes. M. de Laboulie a été présent à l'une des conférences que j'ai eues avec M. le directeur général, et il pourra vous dire que* TOUTES LES INTENTIONS QUE J'AI MANIFESTÉES A CET ÉGARD SONT BIEN DANS LES INTÉRÊTS DE LA VILLE. J'EUSSE PRÉFÉRÉ SANS DOUTE AVOIR A TRAITER CETTE AFFAIRE DIRECTEMENT AVEC ELLE ; *mais l'avis unanime de tous mes conseils m'ayant convaincu que je m'exposerais ainsi à être recherché par le domaine,* IL A BIEN FALLU AVOIR RECOURS A CELUI-CI, ET LE FAIRE EXPLIQUER *sur le mode d'exécution qu'il adoptera relativement aux clauses prescrites par le testament.*

Des deux appréhensions qu'éprouvait l'auteur de cette lettre, celle qui l'empêchait de traiter directement avec la Ville, ne saurait plus exister, depuis que le domaine a été mis en cause ; l'autre, au contraire, au lieu de se dissiper par des explications rassurantes sur le fidèle emploi des fonds, a été confirmée et s'est accrue par les pensées d'envahissement que le fisc a manifestées. Les hoirs de Lagoy ne peuvent donc plus raisonnablement combattre le droit de la Ville à percevoir les revenus

6

de l'établissement qu'elle administre et qu'elle entretient (1).
Tout leur commande au contraire de faire, quant à ce, cause
commune avec elle : leur devoir et leur honneur comme héritiers
et exécuteurs testamentaires de **M.** de Méjanes, leur intérêt
comme citoyens d'Aix, et les prédilections non équivoques
de leur père.

Quant à l'État, non-seulement il n'a pas intérêt à refuser
à la Ville la perception des arrérages échus et à écheoir, mais
il est à peu près certain qu'il eût reconnu lui-même ce défaut
d'intérêt, et que nous ne l'aurions pas pour adversaire, si la
question lui eût d'abord été posée, ainsi que nous le faisons
aujourd'hui.

En effet, quoique l'ajournement du 1er septembre 1832 eût
été donné *aux fins de venir voir dire et ordonner que la
ville d'Aix a droit à l'exaction et recouvrement de la rente
de 2000 livres dont s'agit*, AINSI QUE DU PRINCIPAL D'ICELLE,
au cas de remboursement ou d'exigibilité s'il y a lieu; quoique cette rédaction inexacte eût induit le Conseil d'État à

---

(1) Le jugement qui reconnaîtra ce droit sera le meilleur obstacle aux
velléités de confiscation ; car l'avis du conseil d'État n'est qu'une simple
autorisation de plaider donnée par le comité des finances, un acte d'administration intérieure essentiellement révocable, et qui ne manquerait pas
d'être révoqué, si les maximes du directeur général et du conseil d'administration des domaines venaient, un jour, à prévaloir au ministère.

erreur, et lui eût fait croire que l'on contestait à l'État son droit de propriété et de haute surveillance ; quoique par suite de cette opinion , les questions soumises à la discussion n'aient été que celles de savoir , par qui cette propriété pouvait être revendiquée , et si elle devait l'être purement et simplement, ou sous les conditions d'emploi imposées par M. de Méjanes ; quoique dès-lors on n'ait pas eu à examiner si les lois et arrêtés qui ont confié à la Ville la disposition et l'entretien de la Bibliothèque , ne lui attribuent pas aussi, implicitement , l'administration de sa dotation , qui en est indivisible et n'existe que pour elle ; cependant le Conseil d'État , après avoir admis l'obligation d'employer la rente en acquisition de livres , sentant fort bien que cet emploi ne pouvait se faire d'une manière utile et appropriée aux besoins de l'établissement , que par l'autorité même qui l'administre , a prévu nos réclamations , et en a reconnu d'avance la justesse , sans toutefois y satisfaire pleinement, en prescrivant d'office que *des arrangements convenables seraient à prendre avec la Ville , que des mesures devraient être concertées entre elle et M. le Ministre de l'instruction publique , à l'effet d'accomplir les conditions imposées par la volonté du testateur.*

« Considérant que l'article 6 de la loi du 12—17 avril 1791 , ayant
» déclaré domaines nationaux toutes les propriétés mobilières et immo-
» bilières des ci-devant pays d'États, *l'État peut seul revendiquer la*
» *rente...* Mais que l'État ayant, aux termes de ladite loi, succédé aux
» dettes et aux charges en même temps qu'aux biens..., et le legs de
» 2000 livres de rente n'ayant été fait qu'à la condition de l'employer
» uniquement et intégralement à l'acquisition de nouveaux livres destinés

» à l'augmentation de la Bibliothèque , l'État en recueillant le legs ne
» saurait se dispenser d'accomplir ladite condition ;
  » Qu'il ne résulte pas de ladite obligation que l'État soit sans intérêt
» pour révendiquer , à cette condition , ladite rente ; et que *s'il n'ap-*
» *paraît pas d'un intérêt pécuniaire actuel et immédiat , l'État ne doit*
» *pas moins réclamer cette propriété dans l'intérêt public , dans celui des*
» *lettres , sauf à prendre ensuite avec la ville d'Aix , tels arrangements*
» *qui pourront paraître convenables.*
  » Est d'avis qu'il y a lieu de la part de M. le Ministre des finances
» de prescrire à l'administration des domaines , de comparaître sur l'as-
» signation donnée à l'État par la ville d'Aix , pour soutenir qu'à l'Etat
» seul appartient *le droit de revendiquer* la rente , et en même temps d'in-
» troduire une demande principale contre les héritiers Lagoy , *sauf à*
» *prendre* ensuite , de concert avec M. le Ministre de l'instruction pu-
» blique , telles mesures qui paraîtront convenables à l'effet d'accomplir
» les conditions imposées par la volonté du testateur. »

L'État subjugué par la seule force des choses , ayant fait
d'office de telles concessions , n'en devons-nous pas conclure
qu'il n'eût pas hésité à se déclarer non-seulement *sans intérêt*
pécuniaire et immédiat, mais sans intérêt d'aucun genre , pour
contester à la Ville la perception directe des arrérages , si elle
n'eût réclamé que ce droit qui est le sien , et n'eût pas paru
vouloir usurper *une propriété,* dont , par des considérations
majeures , l'État a pu se montrer jaloux ?

Au reste , n'y ayant plus maintenant d'équivoque possible ,
la justice du Tribunal n'aura pas de peine à rectifier la position de chacune des parties et à fixer leurs droits , en allouant
à l'État , comme successeur de la province , la propriété du
capital ; et à la Ville , comme dépendance de son administra-

tion , l'exaction et l'emploi du revenu. Tous les intérêts seront ainsi conciliés et satisfaits.

2° INTENTIONS DU FONDATEUR ET CONVENANCES LITTÉRAIRES.

L'intention évidente de M. de Méjanes a été que la Bibliothèque et sa dotation , déjà indivisibles par leur commune destination , fussent encore indivisement soumises à une seule et même administration locale. Son esprit si droit et si judicieux se serait soulevé à l'idée que cette unité serait un jour rompue , et que des fonctionnaires de Paris , surchargés d'ailleurs de mille autres soins divers , deviendraient les arbitres de l'établissement qu'il venait de fonder pour Aix et pour la Provence.

Il donne et lègue tous ses livres à la province de Provence, pour en former une Bibliothèque qui sera ouverte à Aix , sous la direction de MM. les Procureurs du pays , et de MM. les Syndics de la noblesse , auxquels il adjoint dans son codicille MM. les *Procureurs nés* de la province d'Aix.

Il constitue ensuite la dotation qui doit être employée uniquement et intégralement à l'augmentation de la Bibliothèque, sans qu'il puisse en être distrait la plus légère somme sous quelque prétexte que ce soit , et il ordonne que *l'emploi en sera justifié tous les ans par le Bibliothécaire devant MM. les directeurs qui auront le droit de choisir ce Bibliothécaire.*

Ainsi les Procureurs du pays et Syndics nommés directeurs de la Bibliothèque, sont chargés tout à la fois d'administrer le matériel littéraire et la dotation. A la vérité, pour les achats de livres , ils seront aidés par le Bibliothécaire ; mais ce Bibliothécaire sera nommé par eux, et leur rendra, tous les ans, compte de l'emploi des fonds qui lui auront été confiés. L'administration toute entière est donc en leurs mains : administration purement locale ; naturellement soigneuse et affectionnée, puisqu'il s'agit d'un établissement dont le pays doit se glorifier ; s'aidant des lumières du Bibliothécaire pour donner aux dépenses la direction la mieux entendue ; forte et compacte pour éviter les tiraillements et les entraves qui n'arrêtent que trop souvent le bien , lorsqu'il dépend de plusieurs et qu'un intérêt commun ne les rallie pas en imposant silence aux amours-propres.

Nous le savons , une grande et mémorable révolution s'est accomplie. Il n'y a plus , depuis long - temps , ni Procureurs de la province, ni Syndics de la noblesse. Mais enfin quand il a fallu leur donner des successeurs , l'État s'est conformé au vœu de M. de Méjanes , en reconnaissant que la Bibliothèque ne pouvant être ni divisée, ni placée ailleurs qu'à Aix , ne pouvait aussi être plus convenablement administrée que par le Maire et le Conseil municipal de cette Ville. Pourquoi donc se départirait-on aujourd'hui de ce respect pour les intentions du généreux fondateur , et ferait-on pour les rentes ce qu'on n'a pas fait pour les livres ? Ne font-elles pas partie indivisible du même legs ? En constituent-elles un autre distinct et séparé ? ou serait-ce que le fisc a réservé pour elles toute sa sollicitude et sa tendresse ?

Vainement répète-t-on à satiété que le Maire d'Aix n'est plus comme autrefois Procureur né de la province , que le Conseil municipal ne représente pas les Syndics de la noblesse. Tout cela est vrai ; mais cet argument , qui n'a pas empêché de leur confier l'administration de la Bibliothèque , partie principale et essentielle du legs , aura-t-il plus de force à l'égard d'une rente qui n'en est que l'accessoire ?

La Municipalité d'Aix a bien d'autres titres à la perception qu'elle réclame, que la vaine dénomination *d'héritier* de la province , dont l'État ne se prévaut que lorsqu'il y a des rentes à saisir ; puisque *de fait* c'est elle seule qui supporte depuis près de 3o ans le poids de cette succession qu'elle a acceptée à une époque où elle ne présentait que des charges , et qu'elle n'a jamais répudiée.

En effet, M. de Méjanes ayant prescrit que *tous les frais de transport , de bâtiments , de tablettes , d'arrangements des livres , de Bibliothécaires , de garçons de Bibliothèque, lumière et toutes autres dépenses relatives sans exception , seraient en totalité à la charge de la province* , et les États de Provence s'étant soumis à supporter tous ces frais , le domaine se trouva substitué , par la loi du 17 avril 1791 , à l'obligation d'y faire face.

Comment l'a-t-il accomplie ? Quel bâtiment a-t-il fourni ? Quels fonds a-t-il consacré à cet usage ? Aucuns. Il a confisqué 56,000 livres productives de rentes , dont il refuse le remplacement , et qui sont à jamais perdues ; puis il s'est déchargé sur la Ville du soin de fournir un local convenable , de le faire approprier à sa nouvelle destination , et de payer le Bibliothécaire et les employés. Avide de l'émolument, il a constamment répudié les charges.

La Ville au contraire a accepté la mission de réaliser le vœu de M. de Méjanes, quoiqu'elle ne lui fût donnée *qu'à la charge de pourvoir aux frais d'entretien*, et quoique la confiscation d'une partie des rentes eût rendu cet entretien plus onéreux. Elle s'est identifiée aux nobles intentions du fondateur, et, à force de sacrifices, est parvenue à élever aux sciences et aux lettres un monument digne de lui et d'elle-même.

A qui donc de la Ville ou du fisc, pense-t-on que M. de Méjanes eût attribué la perception de la rente dont s'agit, s'il eût pu prévoir tous les événements qui se sont réalisés depuis sa mort? A celui des deux, n'en doutons pas, qui s'est chargé d'une administration que l'autre avait délaissée ; qui a libéralement fait face à tous les frais d'organisation et d'entretien de la Bibliothèque, quoique, d'après le testament, il dût jouir de l'avantage de la posséder dans son sein, sans supporter ces charges ; qui a créé, sur son budjet, une nouvelle dotation pour suppléer à la perte de celle que la révolution a dévorée ; qui a le mieux, enfin, senti tout le prix de ses dons, et a le plus dignement honoré sa mémoire, en s'appliquant à les faire tourner à l'utilité publique.

Ce que M. de Méjanes eût incontestablement fait, s'il avait eu la prescience de l'avenir, le Tribunal n'hésitera pas à le faire. Il en a le pouvoir ; car toutes les fois qu'il survient quelque évènement imprévu qui, sans rendre absolument impossible l'exécution d'une disposition testamentaire, ne permet plus, cependant, de suivre la forme ou le mode prescrit par le testateur, c'est à la justice à y suppléer par voie d'interprétation.

Or ici l'interprétation est facile et se fait, en quelque sorte, d'elle-même, tant les éléments en sont nombreux. M. de Méjanes a voulu une administration *locale* : il a voulu que cette administration fût *une* , pour un legs qui lui-même est *un* et *indivisible* : il y a appelé *les consuls d'Aix* : sur tous ces points importants sa volonté doit être suivie , puisqu'elle peut encore l'être. Il serait absurde d'y contrevenir , sous prétexte que ses prescriptions sur d'autres points de moindre ou d'égale importance , sont devenues inexécutables ; car si la loi considère comme *non écrites* celles des clauses ou conditions d'un legs , qui sont impossibles ou le deviennent , elle ne dit rien de pareil pour celles qui sont et demeurent possibles. Celles-ci doivent être exécutées sous peine de caducité du legs.

Ajoutons que d'après M. de Méjanes , la rente doit être perçue par l'autorité qui fournit aux frais d'entretien ; que son emploi doit être dirigé par le bibliothécaire ; et que ce bibliothécaire lui-même doit rendre compte chaque année aux directeurs qui le nomment et votent son traitement.

Eh bien ! toutes ces clauses sont violées, si la perception de la rente est accordée au fisc; toutes au contraire sont accomplies, si cette perception est accordée à la ville d'Aix. Il ne saurait donc y avoir le moindre doute sur la décision que doit prendre le Tribunal à qui toutes les parties demandent d'assurer l'exécution du testament.

L'État pourra d'autant moins s'en plaindre , qu'il a luimême adopté pour le matériel de la Bibliothèque , l'interprétation que nous proposons pour la rente. Tout étant identique entre ces deux choses , que peut-on faire de mieux

que de suivre son exemple, et de soumettre l'une au régime
que, dans sa sollicitude du bien public, le Gouvernement a
choisi pour l'autre ?

C'est en vain que l'on essaye, dans le Mémoire publié au
nom de l'État, de faire concevoir des craintes sur le bon
emploi des fonds que l'on mettrait à la disposition de la municipalité, et de suppléer à l'absence de toutes raisons à cet
égard, par des insinuations désobligeantes sur le *patriotisme citadin et la littérature municipale.* Nous ne contestons pas
que les agents du fisc n'aient un goût plus prononcé pour les
livres.... tournois; l'avis émis et réitéré par eux de confisquer purement et simplement la rente dont s'agit, prouve
assez qu'ils ne donnent pas dans le romantique, et qu'ils con-
servent les *bonnes traditions.* Nous nous étonnons seulement
qu'avec tant de *capacité* ils aient si peu de courtoisie, et
comprennent si mal ce *patriotisme citadin*, dont cependant
112,000 fr. dépensés pour acquitter, envers les Lettres, la
dette de l'État, leur donnaient la traduction.

Ces sarcasmes ou plutôt, car ce sont des traits sans portée,
ces plaisanteries innocentes ne s'expliquent que par l'impossibilité où l'on s'est trouvé de soutenir sérieusement une thèse
aussi absurde que celle-ci : *Un commis de Paris qui n'aura
vraisemblablement jamais mis les pieds dans notre Bibliothèque, en connaîtra mieux les besoins et saura mieux y
pourvoir, que les administrateurs de la Ville fière de ce
monument, et le bibliothécaire laborieux qui consacre sa vie
à l'étudier, à le mettre en ordre, et à l'illustrer.* A coup

sûr, ce n'est pas ce qu'en eût pensé **M.** de Méjanes, aussi bon juge que qui que ce soit en fait de convenances littéraires.

3° LE DROIT.

Sous le rapport du droit, la question du procès est aussi facile que sous ceux que nous avons déjà parcourus. Pour la simplifier davantage, écartons tout ce qui ne va pas droit au but. Ne nous occupons pas à rechercher si, d'après le testament, la Ville a sur la Bibliothèque, un droit d'usage individuel ou collectif, si elle doit en jouir comme *Public* ou comme *Cité*, et s'il est vrai, ainsi qu'on le soutient, qu'ayant qualité pour empêcher la translation du dépôt qui lui est confié, elle serait sans action pour exiger l'emploi des fonds qui doivent rendre ce dépôt aussi profitable et précieux que l'a prescrit le testateur. Cette discussion serait superflue, car il ne s'agit pas de savoir quels seraient les droits de la Ville à l'encontre des procureurs du pays de Provence, logeant, entretenant et administrant la Bibliothèque ; mais quels ils sont, en l'état des changements survenus, c'est-à-dire, en l'état des charges supportées par la Commune, et de l'administration exercée par elle.

Notre point de départ ne doit donc pas être autre que la décision ministérielle, du 29 fructidor an 14, qui met la Bibliothèque, en son entier et sous la seule restriction *des rentes aliénées en 1792, à la disposition et sous la surveillance du corps municipal de la ville d'Aix.*

Ce n'est pas le fonds même, observe l'État, à la page 55

de son Mémoire, *qui a été mis à la disposition du conseil municipal, c'est l'administration et le règlement de la Bibliothèque.* — Cela est vrai et nous ne demandons rien de plus. Nous reconnaissons que le capital soit des livres, soit de la rente est la propriété de l'État, et nous sommes loin de vouloir en disposer. Nous revendiquons seulement la perception et l'emploi des arrérages, comme conséquences et attributs de notre administration.

Pour contester avec succès notre prétention, il faudrait ou prouver en fait, que la dotation en rentes ne fait pas partie indivisible de la bibliothèque Méjanes, ou qu'en droit, les pouvoirs d'administrateur ne comprennent pas celui de toucher les revenus et d'en faire emploi : c'est ce que l'on n'a pas même entrepris.

Comment en effet aurait-on pu soutenir, devant le texte du testament et du codicille, que les rentes ne sont pas l'accessoire des livres, et qu'elles forment, quoique destinées à se convertir en livres et à en augmenter le nombre, un legs distinct et séparé? « Je donne et lègue à ladite province de
» Provence *pour être employée uniquement et intégralement*
» à l'augmentation de ladite Bibliothèque, et dont l'emploi
» sera justifié tous les ans par le bibliothécaire, etc.... *Mon*
» *intention décisive* est, que *tous* les fonds que j'ai légués par
» mon testament, *pour ma bibliothèque, soient employés à*
» *l'acquisition de nouveaux livres,* sans qu'il puisse en être
» distrait la plus légère somme sous quelque prétexte que ce
» soit. » Que peut-on voir dans ces libéralités cumulées de

livres et d'argent, si ce n'est deux parties concordantes d'une seule et même fondation, éléments inséparables du monument que M. de Méjanes a voulu élever aux Sciences et aux Lettres?

En décidant que *la Bibliothèque léguée aux états de Provence* est mise à la disposition du corps municipal de la ville d'Aix, le Ministre a donc également et implicitement mis à sa disposition administrative, la partie de la dotation qui n'a pas été aliénée en 1792; car cette dotation fait réellement partie de la Bibliothèque, telle que M. de Méjanes l'a léguée et organisée, établissement progressif devant se suffire à lui-même et s'accroître chaque année de ses propres ressources.

La conséquence forcée de ces prémisses, c'est que le corps municipal a le droit de toucher les arrérages de la dotation et d'en faire emploi; c'est la partie la plus noble et la plus essentielle d'une administration de ce genre. Vouloir la restreindre au support des charges et à la garde de l'édifice, serait non-seulement ridicule, inconvenant, mais injuste au suprême degré; car la loi dans toutes ses dispositions, considère le droit de percevoir les revenus et d'en disposer, comme essentiellement inhérent au droit d'administrer. (Voyez les articles 125, 223, 365, 389, 450, 481, 1449, 1530, 1536 et 1576 du Code civil.)

Nous l'avons déjà dit : rien de tout cela n'est contesté; mais on nous oppose que l'arrêté ministériel du 29 fructidor an 14, n'*est qu'une simple décision administrative, révocable, non emanée du pouvoir législatif qui seul a le droit de dis-*

poser des domaines nationaux, et qui ne donne aucun droit foncier à la Ville. (Pages 55 et 56.)

Nous répondons : 1° qu'il importe fort peu que l'arrêté du 29 fructidor an 14 , puisse ou non être révoqué, car de fait il ne l'est pas ; 2° que la Ville ne réclame aucun *droit foncier* ; qu'elle veut seulement faire respecter son administration, ce qui est son devoir tant qu'elle ne sera pas destituée ; 3° enfin , que c'est sans réflexion que l'on avance que le Ministre qui la lui a accordée a excédé ses pouvoirs, puisque , quelques pages plus bas (59), l'on observe que *l'avis du Conseil d'État de 1832 , laisse espérer à la Ville d'obtenir du Ministre de l'Instruction publique la manutention qu'elle réclame.*

Quoique cette réponse soit plus que suffisante , en ce qui concerne le procès actuel , nous ne devons pas nous y borner ; car il importe à la prospérité de la bibliothèque Méjanes , de ne pas laisser accréditer cette assertion erronée, qu'un caprice ministériel suffirait pour enlever à la Ville l'administration qu'elle exerce depuis plus de vingt ans. Le zèle des fonctionnaires pourrait en être attiédi , les allocations annuelles pourraient s'en ressentir , et l'avenir de l'établissement en être plus ou moins compromis. Il faut donc examiner si les pouvoirs de la municipalité sont aussi précaires qu'on l'affirme.

Un grand motif de stabilité se trouve d'abord dans la question d'argent. —La ville d'Aix n'a installé la Bibliothèque dans la plus belle et la plus vaste partie de la Maison commune , elle n'a fait les dépenses considérables d'appropriation et d'aggrandissement, elle ne s'impose une charge annuelle de 4000 fr. pour émoluments et entretien, que parce que ce fut la condition expresse de l'administration que lui accorda l'arrêté du 29 fructidor an 14. D'après le testament, c'était aux États de Provence à pourvoir à tout cela, et ils l'avaient reconnu par leur délibération du 14 décembre 1786 ; d'après la loi du 17 avril 1791, c'était à la Nation. — Maintenant n'est-il pas de toute évidence que si l'État revendiquait cette administration, la ville d'Aix serait fondée à exiger qu'il logeât la Bibliothèque dans un bâtiment national, dépense foncière de 300,000 fr. au moins; et qu'il pourvût à l'avenir, à tous les frais annuels d'appointements et d'entretien que la délibération suscitée n'avait pas évalués à moins de 7000 fr. ? L'État ne devrait-il pas aussi, avant de déposséder la Ville, lui rembourser toutes les dépenses faites pour la conservation de l'immense dépôt, et à raison desquelles elle a privilége et droit de rétention : les 59,000 fr. montant des frais d'installation dans les salles de l'Hôtel-de-Ville, les 10,000 fr. prix de la maison Billot, les 44,000 fr. d'entretiens de 1823 à 1834, le prix des manuscrits de M. de Saint-Vincens, celui des 6000 volumes de M. Baumier, et de tous les autres livres donnés ou légués qui ont fait accroissement à la bibliothèque Méjanes ?.. Nous n'avons pas appris que les Chambres aient alloué, et il n'est pas à craindre qu'elles allouent jamais au budget d'aucun de MM. les Ministres, les fonds nécessaires à des dépenses aussi disproportionnées au mince résultat de faire percevoir par le fisc plutôt que par le maire d'Aix, une rente de 2000 fr., dont l'emploi est forcé et le même dans les deux cas.

Il y a plus : l'arrêté du 29 fructidor an 14 ayant mis la Bibliothèque *à la disposition du corps municipal, à la charge par la Commune de pourvoir aux frais d'entretien*, et la Commune ayant accepté et généreusement supporté cette charge, des engagements réciproques en sont résultés ; un contrat s'est formé ; et aucune des parties ne peut aujourd'hui s'en délier. A la vérité le pouvoir administratif serait sorti de ses attributions, s'il eût aliéné un bien national ; mais il s'y est parfaitement renfermé, en se bornant à abandonner une régie mobilière, et en stipulant en échange de cette concession, qui pour la Ville n'a qu'une valeur négative, des avantages matériels très-importants. A quel titre donc, et sous quel prétexte, l'État qui a recueilli ces avantages pourrait-il rétracter la concession dont ils furent le prix ? Y a-t-il une autre justice pour le Gouvernement que pour les particuliers, et n'est-il le tuteur des Communes que pour pouvoir impunément se jouer de ses engagements avec elles ?

Ainsi l'arrêté, ou plutôt le traité du 29 fructidor an 14, non-seulement n'est pas révoqué, ce qui suffirait cependant pour le procès actuel ; mais n'est pas même révocable. L'argument tiré de sa prétendue révocabilité, pour établir que la manutention de la Bibliothèque ne s'étend pas à la rente qui en forme la dotation, manque aux adversaires. Tout se réunit au contraire pour garantir à la Ville la perpétuité de son administration : d'abord l'intérêt de l'État beaucoup plus considérable aujourd'hui qu'en l'an 14, à cause des dommages et intérêts auxquels la révocation donnerait inévitablement lieu ;

ensuite la loi qui déclare que les conventions légalement formées ne peuvent être révoquées que du consentement mutuel
des parties ; et enfin, nous n'hésitons pas à le reconnaître, la
bonne foi et la loyauté d'un Gouvernement qui respecte les droits
acquis par de généreux sacrifices, et qui n'a mérité par aucun
de ses actes envers la ville d'Aix, qu'elle le rende responsable
des velléités du fisc, et de quelques paroles imprudentes et
sans conséquence échappées dans la chaleur de la défense.

Il est essentiel de faire observer en finissant, que l'acte du
29 fructidor n'est pas une décision arbitraire et de bon
plaisir, mais l'application forcée de la législation sur les Bibliothèques.

Nous avons déjà dit et justifié dans l'exposé des faits que,
de tout le butin littéraire que la révolution avait rendu propriété nationale, on avait formé deux sortes de Bibliothèques,
celles d'écoles centrales et celles de district. Après avoir
subi des chances diverses, toutes furent en définitive mises
à la disposition et sous la surveillance des municipalités,
savoir : celles de district, par l'article 13 de la loi du 8 pluviôse an 2, portant que « *Les bâtiments servant à chaque*
» *Bibliothèque seront entretenus des deniers publics*. L'ADMI-
» NISTRATION ET LA POLICE RÉGLEMENTAIRE APPARTIENDRONT A LA
» MUNICIPALITÉ DES LIEUX , *sous la surveillance de l'adminis-*
» *tration de district*; et celles des écoles centrales, par l'arrêté consulaire du 8 pluviôse an 11, rendu en exécution
de la loi du 11 floréal an 10 qui supprime ces écoles, et
portant *qu'immédiatement après l'organisation des lycées,*

» *les Bibliothèques des écoles centrales sur lesquelles les scellés*
» *auront été apposés, seront mises* A LA DISPOSITION ET SOUS
» LA SURVEILLANCE DE LA MUNICIPALITÉ. *Il sera nommé par ladite*
» *municipalité un conservateur de la Bibliothèque dont le*
» *traitement sera payé aux frais de la Commune.* »

La bibliothèque Méjanes qui n'était pas d'une autre nature que celles d'écoles centrales ou de district, ne pouvait pas avoir un autre sort ; et à défaut d'une législation spéciale, il fallait bien lui appliquer le droit commun. La décision du 29 fructidor an 14, qui l'assimile aux Bibliothèques d'écoles centrales, aurait pu tout aussi bien l'assimiler à celles de district. Le résultat eût été le même quant à l'administration de l'établissement, mais il eût été très-différent quant au support des traitements et entretien ; c'est ce qui explique l'option du Ministre et la préférence qu'il a donnée à l'arrêté du 8 pluviôse an 11, sur la loi du 8 pluviôse an 2.

Concluons donc, en répétant que l'État qui a profité de la position avantageuse qu'il avait si habilement choisie, n'est aujourd'hui ni recevable, ni fondé à élever des doutes tardifs sur l'identité de la bibliothèque Méjanes avec celles d'écoles centrales ; ni à contester à la Ville une perception de rente qui est la conséquence et le dédommagement d'honneur de l'administration onéreuse qu'elle supporte depuis plus de vingt ans.

Peut - on utilement opposer à la ville d'Aix, qu'elle n'a pas été autorisée par Ordonnance royale, à accepter le legs de M. de Méjanes?

Les hoirs de Lagoy n'avaient opposé à la Ville, dans leurs conclusions signifiées en 1832, que le défaut de titre et de qua·lité, et la caducité résultant de l'inexécution des conditions; dans celles de 1833, ils se prévalent en outre de ce qu'elle n'aurait pas été autorisée par une Ordonnance royale, conformément à l'article 910 du Code civil, à accepter les dispositions de M. de Méjanes.

Sans nous arrêter à examiner si cette exception n'est pas trop tardive, nous soutenons qu'elle ne serait d'aucun poids, quand même la Ville n'agirait que comme légataire ; et qu'elle est d'une bien moindre importance encore, dans la cause actuelle, où elle n'agit que comme *administratrice légale* d'une propriété nationale.

La succession de M. de Méjanes s'étant ouverte le 5 octobre 1786, c'est par la législation en vigueur à cette époque qu'il faut juger la capacité de ses héritiers et légataires, et déterminer les formalités qu'ils devaient remplir pour accepter valablement. Or, il est notoire qu'il n'existait alors aucune loi qui soumît, soit les procureurs de la Province, soit les consuls et assesseurs de la Commune, à obtenir de qui que ce fût, l'autorisation d'accepter un legs purement mobilier : les dispositions restrictives de l'édit de 1749 n'étant relatives qu'aux immeubles , ainsi que l'observe le tribun Jaubert dans son rapport sur le titre des donations et testaments. — L'acceptation contenue dans la délibération solennelle de l'assemblée générale des communautés de Provence , en date du 14 décembre 1786, confirmée , au besoin , par tous les actes d'exécution qui suivirent , et auxquels M. de Lagoy père prit une part si empressée et si honorable , fut donc suffisante et valable. — Valable en 1786 , a-t-elle pu devenir nulle par la promulgation d'une législation nouvelle , survenue le 13 mai 1803 ?... Non , car *la loi ne dispose que pour l'avenir ; elle n'a point d'effet rétroactif.* (Art. 2 du Code civil.)

Les adversaires répliquent que le legs de la rente dont s'agit ayant été suspendu jusqu'au décès de Madame de Méjanes , et n'étant par conséquent sorti à effet que bien long-temps après la promulgation du Code civil , l'article 910 s'y applique naturellement et sans rétroactivité. — L'observation serait juste si ce legs eût été conditionnel , c'est-à-dire , s'il eût dépendu , quant à son existence et à ses effets , d'un événement futur *et incertain.* Dans cette hypothèse , le légataire n'ayant un droit acquis que par l'accomplissement de la condition , sa capacité n'eût dû se régler que par la loi en vigueur à ce moment. Mais tout cela est étranger à la cause actuelle ; la disposition de M. de Méjanes n'a rien de conditionnel ; c'est tout simplement *un legs à terme.* L'exigibilité seule est retardée jusqu'à un événement qui ne peut manquer d'arriver , quoique le jour n'en soit pas fixe ; mais *le droit est acquis ,* certain , transmissible dès la mort du testateur. (Art. 1041 du Code civil.)

[61]

Tout s'est consommé à cette époque ; et par conséquent, les
lois postérieures n'y pourraient rien changer sans rétroagir.

L'objection des adversaires ne repose donc que sur une véritable confusion de choses et de principes ; et il reste démontré que si la Ville agissait comme légataire, on ne pourrait
pas la repousser par l'exception tirée de l'article 910. Combien
l'inanité de ce moyen ne ressortira-t-elle pas mieux de cette
circonstance que la Ville n'agit pas en qualité de légataire,
mais, ainsi que nous l'avons fait observer, en celle d'administratrice légale de la Bibliothèque ?

Nous ne voulons assurément pas dire que le testament soit
un titre inutile à la Ville, et qui ne lui donne aucune action
en justice. Il est certain au contraire que la charge imposée
à la Province légataire directe des livres de M. de Méjanes,
d'en tenir une Bibliothèque ouverte en la ville d'Aix, et d'employer la totalité des rentes à son augmentation, étant une
véritable stipulation en faveur de celle-ci, elle aurait nécessairement le droit d'empêcher qu'on la privât des avantages qui en
résultent. (Art. 1121 du Code civil.) Si l'État successeur de
de la Province voulait, par exemple, diviser cette précieuse
collection, ou la transporter ailleurs, ou distraire une partie
de la dotation, (en supposant que la Ville n'en obtint pas
elle-même la perception), et lui donner un autre emploi
que celui exigé par le fondateur, elle pourrait incontestablement réclamer et baser son action sur les prescriptions du
testament.

Mais ce n'est que contre l'État, à qui ces charges sont imposées , que la municipalité peut se prévaloir de ce titre, et en demander l'exécution ; elle l'invoquerait vainement contre les hoirs de Lagoy , puisqu'il ne les constitue , en aucune façon , débiteurs vis-à-vis d'elle. Aussi ne l'invoque-t-elle pas contre eux , et se borne-t-elle à leur dire : « En vertu de la » loi du 8 pluviôse an 2 , de l'arrêté consulaire du 8 pluviôse » an 11 , et de la décision du 29 fructidor an 14 , c'est moi » seule qui suis chargée de l'administration de la Bibliothèque , » et de la dotation qui en est l'accessoire indivisible : moi seule, » en cette qualité , qui puis recevoir , quittancer les arrérages » et en faire emploi. Reconnaissez le mandat que m'a con- » fié, dans l'intérêt bien entendu des Lettres, et même dans celui » du trésor public, le pouvoir à qui tous les autres doivent » obéissance ; et ne me demandez plus si une ordonnance m'au- » torise à l'exercer. »

CONCLUD comme à l'audience.

DEFOUGÈRES, *Avocat.*

PONTIER , *Avoué.*

AIX , IMPRIMERIE DE PONTIER , IMPRIMEUR DE LA COUR ROYALE , Rue des Jardins, N° 14 , au haut de la place du Collége. - 1834.

MÉMOIRE

POUR

Les hoirs DE LAGOY, héritiers de M. le Marquis DE MÉJANES ;

CONTRE

L'ÉTAT ET LA VILLE D'AIX.

On a dit pour la Ville, que l'État remplirait mal les obligations, qu'il y aurait *abus, gaspillage dans les fournitures.* Vaines craintes ! *la Ville offre-t-elle à cet égard plus de garanties que l'État ?* (Mémoire de l'État, pag. 58.)

...du fisc qui après avoir *confisqué* les premières (rentes), *voudrait encore absorber celle-ci.* (Mémoire de la Ville, pag. 2.)

Ils verront dans la première de ces pièces, qu'après mille lois rendues dans une période de vingt années, pour réparer les confiscations passées, après deux chartes qui ont proscrit les confiscations à venir, il se trouve encore à Paris un conseil d'administration des domaines qui propose *de confisquer* la rente dont il s'agit.

.......qui persiste dans cet avis, malgré les observations contraires du secrétaire général des finances et qui ne cède enfin, qu'à l'autorité supérieure du conseil d'État, *s'il ne se borne pas toutefois à ajourner ses prétentions.*

Ils verront, dans la seconde, combien *les dangers que courrait la rente entre les mains du fisc,* DANGERS QUI NE SONT MALHEUREUSEMET QUE TROP ÉVIDENS, préoccupaient M. de Lagoy. (idem, pag. 40.)

Vraiment voilà des gens qui paraissent se bien connaître.

(Vieille histoire.)

S'il était besoin de justifier la résistance opposée par les héritiers de Méjanes aux prétentions de l'État et de

la Ville, il nous suffirait sans doute de rappeler les révélations édifiantes que nous venons de rapporter.

Comment en effet, ces héritiers pourraient-ils consentir à ce qu'on leur demande, sans se rendre complices de la violation, certaine pour le passé et probable pour l'avenir, de la dernière volonté de l'homme qui les a spécialement chargés du soin de la faire respecter?

Voyez quels adversaires se présentent.

L'État, légataire que ne s'est point donné M. de Méjanes, qui n'est pas nommé dans son testament; mais qui prétend hériter, parce qu'il a détruit le légataire véritable, qui de plus se présente à la justice avec le souvenir de 56,000 livres par lui enlevées et détournées de leur légitime application. La spoliation et la force, voilà quels sont ses recommandations et ses titres.

La Ville, d'abord subitement grandie hors de toute compréhension et se posant fièrement comme le représentant de la Provence, ayant seule droit en cette qualité à *la propriété* du legs en litige. Puis revenant par degrés à des proportions moins ambitieuses, exigeant non plus *la propriété*, mais *l'usufruit*, au moins *l'usage* et enfin *la simple administration*; prétentions aussi peu justifiées les unes que les autres, mais qui par leur succession prouvent que la seule chose qui lui importe, c'est le maniement des fonds, quel que soit d'ailleurs le titre qu'on daigne lui reconnaître et la qualification qu'on veuille bien lui accorder.

Ainsi des prétentions injustes, voilà pour les droits, la violation avouée de la volonté du testateur par la dilapidation de 56,000 livres, voilà pour le passé, et les accusations malheureusement trop méritées que nos adversaires se jettent mutuellement, ne prouvent que trop combien pour l'avenir nous avons à redouter une violation nouvelle.

Telles sont les causes qui font un devoir aux héritiers de M. de Méjanes d'opposer une vive résistance à la double action dirigée contre eux ; il leur sera facile de démontrer que les causes ne sont que trop réelles et qu'elle n'ont rien d'exagéré.

FAITS.

M. le marquis de Méjanes était un de ces hommes dont il n'est plus permis d'écrire l'éloge, parce qu'il est dans toutes les bouches. Après avoir consacré sa vie et sa fortune à créer une des plus riches bibliothéques qui existent, il eut la noble pensée de s'asseoir au premier rang des bienfaiteurs de sa province, en lui fesant don de cette précieuse collection ; il réalisa cette pensée le 6 mai 1786 par le testament suivant :

« Je donne et lègue tous les livres qui m'appartiennent,
« tant à Arles, Aix, qu'à Avignon, dans la maison de cam-
« pagne de ma belle-mère et à Paris, et enfin toute ma
« bibliothéque, corps de ladite bibliothéque, tablettes
« et tous les manuscrits, *à la province de Provence*, pour
« appartenir à la dite province sous la direction de MM.
« les procureurs de ladite province de Provence et de
« MM. les syndics de la noblesse, sous la condition

« d'en tenir une *bibliothèque ouverte en la ville d'Aix*, pour
« l'avantage du public auquel ladite bibliothéque sera
« destinée et à cet effet ouverte quatre fois de la semaine,
« le matin et le soir.

« Plus sous la condition expresse qu'il ne pourra être
« prêté aucun livre de ladite bibliothéque à qui que ce
« soit et sous tel prétexte que ce soit et puisse être.

« En outre, j'entends que tous les livres qui se trou-
« veront être directement contre les mœurs seront brûlés
« sans être lus.

« Et qu'à l'égard de ceux qui pourraient être contre
« la Religion, ou qui pourraient traiter de matières et
« d'objets prohibés par le gouvernement, j'entends ex-
« pressément qu'ils soient enfermés sous clef et qu'ils ne
« puissent être communiqués qu'en connaissance de
« cause et seulement aux personnes qui par état ne
« peuvent en abuser. Je recommande à cet effet la plus
« grande circonspection et vigilance.

« J'entends aussi que tous les frais de transport, des
« bâtimens, de tablettes, d'arrangement des livres,
« de bibliothécaires, de garçon de bibliothéque, lumière
« et toutes autres dépenses relatives, sans exception,
« soient en totalité à la charge de la province, ainsi
« que les frais de contrôle, insinuation, amortissement
« et tous autres accessoires dont ma succession ne pourra
« être aucunement tenue.

« Je donne et lègue en outre à *ladite province de*
« *Provence, pour être employé uniquement et intégralement*

« *à l'augmentation de ladite bibliothéque*, et dont l'emploi
« sera justifié, tous les ans par le bibliothécaire devant
« MM. les directeurs qui auront le droit de choisir le
« bibliothécaire, ainsi que les garçons qui seront destinés
« pour le service de la bibliothéque.

« 1.° 188 livres de rente sur le parlement d'Aix.

« 2.° 90 livres de rente sur les notaires d'Aix.

« 3.° Trois contrats productibles environ de 280 livres
« de rente, soit qu'il y ait plus ou moins, que j'ai
« acquis en l'année 1783 de M. de Barras et que je
« crois être sur la province de Provence.

« 4.° Un contrat au principal de 9000 livres, produisant
« cinq pour cent, qui m'est dû par M. le marquis de
« Marignane, par écrit sous signature privée.

« 5.° Enfin 2000 livres de rente perpétuelle que j'entends
« expressément être exempte de toutes retenues, au
« principal de 40,000 livres sur M. le marquis de Lagoy
« mon neveu, et que j'instituerai ci-après mon héritier
« et légataire universel, à prendre sur ce qu'il recueillira
« de mon institution ; de laquelle rente de 2000 livres
« il ne sera toutefois tenu d'acquitter les arrérages qu'à
« compter du décès de madame la marquise de Méjanes
« mon épouse, par l'événement duquel décès, mondit
« héritier se trouvera déchargé de 3000 livres de rente
« viagère que je léguerai ci-après à madite épouse ;
« j'entends que M. le marquis de Lagoy mondit héritier
« ait la faculté de rembourser les 40,000 livres principal
« de cette rente par parties de 10,000 livres qui dimi-
« nueront d'autant sa rente.

Codicille. « En nommant MM. les procureurs de la
« province de Provence et MM. les syndics de la noblesse
« directeurs de ma bibliothéque, j'ai oublié d'y joindre
« MM. les procureurs nés de la province d'Aix et j'entends
« qu'ils partagent avec mesdits sieurs procureurs de la
« province de Provence et les syndics de la noblesse,
« la surveillance de l'administration de ladite bibliothéque.
« Mon intention décisive est que tous les fonds que j'ai
« légués par mon testament pour ma bibliothéque,
« soient employés à l'acquisition de nouveaux livres,
« *sans qu'il puisse en être distrait la plus légère somme, sous*
« *quelque prétexte que ce soit.* J'exige expressément qu'il
« soit rendu compte, toutes les années, de l'emploi
« desdits fonds devant des commissaires qui seront
« nommés par l'assemblée générale de la province, et
« que le résultat dudit compte soit imprimé annuellement
« dans le cahier de ladite assemblée. »

Il est à remarquer dans ce testament, que le legs
est fait *à la province de Provence* exclusivement.

Qu'il est sous la direction de MM. les procureurs de la
province et les syndics de la noblesse.

Qu'il est fait sous la condition expresse de tenir la
bibliothéque ouverte *en la ville d'Aix,* pour l'avantage
du public auquel elle est destinée.

Que les rentes sont aussi léguées exclusivement *à la
province de Provence.*

Qu'elles doivent être employées *uniquement et intégralement* à l'augmentation de la bibliothéque, sans qu'il
puisse en être distrait *la plus légère somme, sous quelque
prétexte que ce soit.*

Enfin, qu'il doit être rendu compte de l'emploi de ces rentes, tous les ans, par le bibliothécaire, devant les directeurs, et par ceux-ci devant des commissaires nommés par l'assemblée générale de la province; que le résultat de ce compte doit être imprimé annuellement dans le cahier des délibérations des états.

Telles furent les dernières dispositions de M. de Méjanes. Il mourut en 1786, et le 14 décembre de cette même année, l'assemblée générale de la province, réunie à Lambesc (1), accepta avec reconnaissance, sur la proposition de M. l'archevêque d'Aix, le don fait à la Provence.

Voyons maintenant comment ses volontés furent exécutées.

Le 15 novembre 1786, les procureurs du pays prirent possession de la bibliothéque. Ils la firent transporter à Aix et prirent des mesures pour réunir en cette ville tous les livres épars à Avignon, Paris et autres lieux.

Ils obtinrent ensuite, par déclaration du 29 juillet 1787, livraison et transport des rentes sur le parlement, les notaires, la compagnie des Indes, MM. de Barras et de Marignane, en tout 2808 livres de rentes.

Par délibération du 14 décembre 1786, l'assemblée des états avait arrêté les dépenses nécessaires à l'entretien de la bibliothéque. Cependant lorsqu'arriva la révolution

---

(1) Les états de Provence, suspendus en 1639, ne furent rappelés qu'en 1787; dans ce long intervalle ils furent remplacés par l'assemblée générale de la province.

de 1789 , aucune des intentions de M. de Méjanes n'était encore remplie , tout en était resté au vote stérile du 14 décembre , bien que cependant depuis 1787 , les rentes fussent régulièrement perçues par la province.

Le 4 mars 1790 , l'assemblée constituante décréta la division de la France en quatre-vingt-trois départemens, subdivisés en districts. La province de Provence forma les départemens des *Bouches-du-Rhône , du Var et des Basses-Alpes.*

Ainsi furent détruites ces agrégations d'hommes, réunies par une communion de besoins et d'intérêts. Elles tombèrent avec leurs mœurs anciennes, leurs usages consacrés par le temps et leurs vieux souvenirs, et leur esprit public , jadis si fécond en merveilles. Sur leurs débris, la France , capricieusement morcelée , ne vit plus que des circonscriptions administratives qui, trop faibles pour avoir et soutenir une volonté nationale , ne purent être que de dociles instrumens entre les mains de quelques hommes ambitieux , toujours à genoux devant un monarque absolu , et séditieux sous un prince débonnaire. Lorsque le temps aura rendu à l'histoire son impartialité, elle dira que l'assemblée nationale qui se disait appelée par la liberté , ne sut constituer que le despotisme.

Comme toutes les autres provinces du royaume, la Provence périt dans ce funeste naufrage, et le légataire de M. de Méjanes cessa d'exister.

Cependant les rentes n'en furent pas moins perçues en son nom jusqu'au 7 septembre 1792, sans que la moindre partie en fut employée à l'augmentation de la bibliothéque qui, depuis la mort de M. de Méjanes , était entassée dans des greniers et y restait oubliée. En 1792 , ces rentes furent versées dans la caisse de l'extraordinaire en exécution, dit-on, de la loi du 17 avril 1791 , qui avait déclaré domaines nationaux toutes les propriétés des pays d'état.

L'État s'étant ainsi emparé du legs, ne se mit pas plus en peine que la province d'accomplir les conditions sous lesquelles il avait été fait, et ce ne fut que le 29 fructidor an 14 , que le ministre de l'intérieur , cédant aux sollicitations de la ville , mit à sa disposition la bibliothéque Mejanes. Le préfet des Bouches-du-Rhône en avisa le sous-préfet d'Aix par la lettre suivante du 6 vendémiaire an 14.

« Je viens de recevoir , Monsieur, une lettre de S.
« Exc. le ministre de l'intérieur , en date du 9 fructidor
« dernier , par laquelle il m'annonce qu'en vertu de
« l'arrêté du 18 pluviôse an 11 , la bibliothéque léguée
« aux états de Provence par M. de Méjanes, est *mise*
« *à la disposition et sous la surveillance du corps municipal*
« *de la ville d'Aix*, à la charge par la Commune de
« pourvoir aux frais d'entretien , que le Maire peut donc
« dès à présent prendre les mesures qu'il croira nécessaires
« pour qu'une aussi riche collection cesse de rester inu-
« tile , et que le public n'en soit pas plus long-temps
« privé ;

« Qu'à l'égard des rentes qui ont été aliénées en 1792,
« le gouvernement ne peut faire droit à la demande
« en restitution, attendu la loi du 17 avril 1791 , qui
« déclare domaines nationaux, toutes les propriétés, tant

« mobilières qu'immobilières, appartenant à titre collectif
« aux ci-devant pays d'états.

« Je vous invite à donner connaissance de ces dis-
« positions au maire de la ville d'Aix et à l'inviter à
« accélérer l'époque de l'ouverture de cette bibliothéque
« au public. »

On remarque dans cette lettre, que la bibliothéque
y est indiquée comme ayant été léguée aux *états de
Provence* et qu'elle est simplement mise *à la disposition*
de la ville; enfin, que le ministre refuse de faire droit
à la demande en restitution des rentes aliénées en 1792,
attendu leur domanialité.

On a demandé comment il aurait pu se faire que le
ministre qui refusait de restituer des rentes devenues
domaniales, par l'effet de la loi de 1791, eût cependant
pu faire abandon légal à la ville, d'une bibliothéque
rendue aussi *domaniale par la même loi*, et comme telle,
inaliénable.

Le défenseur de la ville a cherché une réponse à cette
question, dans la loi du 8 pluviôse an 2, qui d'après
lui aurait donné à la ville, des droits de propriété,
que l'administration n'aurait plus eu qu'à reconnaître
en l'an 14 (1).

Cette explication n'est point concluante; il est évident
que si les bibliothéques des grandes communes ont été
maintenues en l'an 2, ce ne peuvent être que celles qui
n'avaient point été confisquées en 1791, car ces der-

---

(1) Voir Mémoire de la ville, pag. 13.

nières étant depuis cette loi du 17 avril 1791 , propriétés
nationales et comme telles , inaliénables , elles n'existaient
plus dans les Communes et ne pouvaient y être *maintenues.*

Ainsi en était-il de la bibliothéque Méjanes et des
rentes qui y étaient attachées , réunies au domaine national par la loi de 1791 , elles n'appartenaient plus à
la province , elles n'avaient jamais appartenu à la ville ,
dès lors elles ne pouvaient être régies par une loi qui
ne donnait, ni *ne restituait*, mais se bornait à *maintenir.*

Ce système de la domanialité de la bibliothéque et des
rentes par l'effet de la loi de 1791 , n'est point le nôtre,
mais il est soutenu par l'Etat et admis par la ville , dont
cependant il ruine les prétentions.

La difficulté n'est donc point encore résolue, mais
elle peut l'être d'une manière aussi facile que rationnelle,
si l'on veut bien réfléchir à la valeur de ces mots de
la lettre du préfet.

» Que la bibliothéque léguée *aux états de Provence*
« par M. de Méjanes est mise *à la disposition et sous la*
« *surveillance* du corps municipal de la ville d'Aix.

Cette *mise à la disposition* et *sous la surveillance* n'emporte
avec elle l'idée ni d'une restitution, ni d'un don , mais
bien plutôt d'un prêt ou d'un dépôt qui conserve les droits
du propriétaire et ne les engage pas pour l'avenir. On
peut lire pages 55 et 56 du Mémoire de l'État , un passage dans lequel cette intention n'est point dissimulée.
L'acte ministériel dont on se prévaut , y est-il dit ,
n'est donc qu'une simple autorisation *qui peut être re-*

tirée à volonté et qui ne donne aucun droit foncier à la ville d'Aix.

Si cette *mise à la disposition* était retirée, que resterait-il à la ville ?

En 1810, la bibliothéque fut enfin ouverte au public, mais les 2808 livres de rente destinées à son entretien et à son agrandissement ne lui furent point restituées, ainsi après vingt-quatre années le testament de M. de Méjanes n'obtint qu'une exécution partielle, et celui qui s'était imposé héritier malgré le testateur, garda le silence le plus complet dès qu'il fallut en exécuter les charges.

Nous devons rendre à la ville la justice de dire que depuis le moment où la bibliothéque fut mise *à sa disposition*, elle ne négligea rien de ce qui pouvait rendre ce monument utile aux lettres et au public. Dirigée par des administrateurs intègres et habiles, elle n'épargna ni soins, ni dépenses pour arriver à ce noble but, et elle sut le faire dans des temps difficiles, sans fatiguer le peuple de nouveaux impôts.

Les choses demeurèrent en cet état jusqu'en 1828. Alors Mme la marquise de Méjanes venait de mourir et la ville fit quelques tentatives pour s'emparer de la rente de 2000 livres léguées par le testament de M. de Méjanes, à la province et exigible après le décès de son épouse. Ces tentatives imprudentes de la part d'une ville évidemment sans droits, eurent le résultat facile à prévoir d'appeler dans la lice l'État qui, après avoir gardé le silence le plus complet, lorsqu'il fallait exécuter les charges du legs, se réveilla avec empressement quand il fut question de toucher de nouvelles rentes et vint donner un adversaire de plus, non-seulement aux héritiers de M. de Méjanes, mais encore à la ville qui l'avait inconsidérément appelé.

Le 25 avril 1832, le maire d'Aix avait fait citer les hoirs de Lagoy, *en payement* de quatre annuités de la rente de 2000 livres.

Le 1.er septembre, il fit ajourner le préfet des Bouches-du-Rhône.

» Aux fins de venir assister en l'instance introduite « par la ville d'Aix, etc., voir dire et ordonner que « la ville d'Aix a droit à l'exaction et recouvrement « de la rente de 2000 livres dont s'agit, *ainsi que du* « *principal d'icelle*, *au cas de remboursement ou l'exigibilité* « *s'il y a lieu.* »

Le 19 octobre 1832, le conseil d'administration des domaines, donna un premier avis tendant *à la revendication pure et simple de la propriété de la rente.*

Cet avis fut combattu par M. le secrétaire général des finances, mais malgré ses observations, le conseil d'administration, consulté de nouveau, déclara le 26 octobre persister dans sa première délibération. Le second avis fut, comme le premier, combattu par le secrétaire général.

Sur ces avis contraires, le conseil d'État prit l'arrêté suivant le 5 novembre:

« Considérant que si par l'arrêté du 29 fructidor an « 13, la ville d'Aix a été mise en possession de la biblio- « thèque de M. de Méjanes, cet arrêté ne l'a point in- « vestie en même temps de la propriété des diverses « rentes destinées à l'acquisition de nouveaux livres pour « l'augmentation de cette bibliothèque et que cette ville

« est par conséquent sans qualité pour réclamer des
« héritiers de Lagoy, le payement de ladite rente.

« Que l'article 6 de la loi des 12, 17 avril 1791,
« ayant déclaré domaines nationaux toutes les propriétés
« tant mobilières qu'immobilières des ci-devant pays
« d'état, l'État peut seul revendiquer la rente devenue
« exigible par le décès de Mme de Méjanes ; mais que
« l'État ayant, aux termes de ladite loi, succédé aux
« dettes et aux charges, en même temps qu'aux biens
« des ci-devant pays d'état et le legs de 2000 livres de
« rente n'ayant été fait par M. de Méjanes qu'à la con-
« dition de l'employer uniquement et intégralement à
« l'acquisition de nouveaux livres destinés à l'augmen-
« tation de sa bibliothéque, l'État, en recueillant le
« legs, ne saurait se dispenser d'accomplir ladite condition.

« Qu'il ne résulte pas de ladite obligation, que l'État
« soit sans intérêt pour revendiquer à cette condition
« ladite rente, et que s'il n'apparaît pas d'un intérêt
« pécuniaire, *actuel* et *immédiat*, l'État ne doit pas moins
« réclamer cette propriété dans l'intérêt public et dans
« celui des lettres, sauf à prendre ensuite avec la ville d'Aix,
« tels arrangemens qui pourront paraître convenables.

« Est d'avis, qu'il y a lieu de la part de M. le ministre
« des finances de prescrire à l'administration des domaines
« de comparaître sur l'assignation donnée à l'État, par
« la ville d'Aix, pour soutenir qu'à l'État seul appartient
« le droit de revendiquer la rente de 2000 livres et en
« même temps d'introduire une demande principale
« en payement de ladite rente contre les héritiers de
« Lagoy, sauf à prendre ensuite, de concert avec

(45)

« M. le ministre de l'instruction publique, telles mesures
« qui paraîtront convenables, à l'effet d'accomplir les
« conditions imposées par la volonté du testateur. »

Les termes de cet arrêté sont d'un choix remarquable.
S'agit-il d'établir que la ville est sans droit et sans qualités
pour réclamer le payement de la rente, et qu'à l'Etat seul
en appartient la propriété, ils sont alors merveilleux de
clarté et de précision; ils sont même assez expressifs sur
le devoir de l'Etat d'accomplir les conditions du testament;
mais faut-il affirmer que les conditions seront remplies
et donner quelque valeur à cette promesse en indiquant
comment elles le devront être, oh ! alors les expressions
sont d'un équivoque et d'un vague recherché : *il n'apparaît
pas pour l'État d'un intérêt pécuniaire* ACTUEL ET IM-
MÉDIAT, *mais il n'en doit pas moins réclamer cette propriété
dans l'intérêt public, etc.,* SAUF A PRENDRE ENSUITE
AVEC LA VILLE D'AIX TELS ARRANGEMENS QUI
POURRONT PARAITRE CONVENABLES, etc.

Il a *apparu* de tout cela à la ville une intention
actuelle et immédiate et fort mal déguisée de la part de
l'Etat, de s'emparer de la rente, *de reconnaître* sa dette,
*sauf à prendre ensuite tels arrangemens qui pourront lui
paraître convenables,* et elle l'a assez vertement exprimé,
page 40 de son Mémoire.

Voilà à quoi ont abouti les attaques si judicieusement
commencées par la ville.

En conséquence de ce, l'Etat ajourna les héritiers de
Méjanes le 24 décembre 1832, aux fins de venir s'entendre
condamner au payement, etc., et en réponse à l'exploit
de M. le maire d'Aix, il fit signifier à la ville, le 27 avril

1833 , des conclusions tendantes à ce que la rente de 2000 livres soit déclarée *appartenir à l'Etat seul propriétaire,* et *la ville démise et déboutée de sa demande avec dépens.*

De son côté, la ville, battue par le terrible auxiliaire qu'elle avait elle-même appelé, se vit contrainte d'abandonner une partie de ses prétentions, et par de nouvelles conclusions, elle se borna à réclamer le payement des annuités échues, *sous la réserve de tous les droits de l'Etat pour la nue propriété et de tous ses droits de surveillance.* Après avoir fièrement prétendu à la propriété, se réduire à un simple usage, c'était descendre beaucoup ; mais tant de modestie ne put désarmer l'implacable *ami que la ville avait appelé à son secours,* une plaidoirie et un Mémoire ont été consacrés par l'Etat à combattre et renverser l'étrangeté et l'outrecuidance des nouvelles prétentions de la ville. Celle-ci, dans son Mémoire, s'est réduite encore et ce n'est plus qu'une simple administration qu'elle demande. Il sera curieux de voir comment l'Etat accueillira ce nouveau biais que prend la ville pour en venir à ses fins et comment se terminera cette lutte entre la ville qui veut absolument *toucher les fonds,* à quelque titre et sous quelque qualification que ce soit et l'Etat qui à aucune condition ne veut y consentir.

Quoi qu'il puisse arriver de cette querelle obstinée et si édifiante, ce n'est pas là que se trouve pour les héritiers de Méjanes l'intérêt qui les fait agir et les questions qu'il leur importe de faire résoudre.

Exécuteurs des dernières volontés de leur auteur, ils ont le devoir d'écarter également de l'héritage l'Etat et la ville, si l'un et l'autre en sont exclus par le testament, mais si l'un des deux pouvait être reconnu légataire, alors ils devraient lui demander compte de l'inexécution des volontés de M. de Méjanes, le contraindre à les exécuter, ou le faire déclarer indigne de recueillir une nouvelle portion d'un legs dont les conditions auraient été violées.

Nous aurons donc à examiner deux questions.

La première : quel est le légataire de M. le marquis de Méjanes?

La seconde : les conditions imposées au legs n'ont-elles point été violées ? Quel doit être le résultat de cette violation ?

PREMIÈRE QUESTION.

Quel est le légataire de M. le Marquis de Méjanes?

Voici quels sont à cet égard les termes du testament :

« Je donne et lègue tous les livres, etc., *à la province* « *de Provence, pour appartenir à ladite province.* »

Le légataire était donc exclusivement *la province de Provence.*

Maintenant il convient de rechercher ce qu'était la province de Provence et ce qu'elle est devenue.

La Provence, état jusqu'alors indépendant, fut donnée à la France, d'abord par Marguerite d'Anjou, fille de René, par actes des 7 mars 1476 (Recueil d'Isambert, tome 10, pag. 759) et 19 octobre 1480 (idem, pag. 828) enfin par le testament de Charles III, le 10 décembre 1481.

Les états de Provence, réunis en 1482 à Toulon et en 1483 à Aix, ratifièrent cette cession en la soumettant néanmoins à de nombreuses et importantes conditions, dont voici les principales :

1.º La confirmation de tous les priviléges dont jouissait la Provence, *des lois qui la régissaient*, des traités conclus.

2.º La reconnaissance des droits du clergé, de la noblesse, des communautés.

3.º La suppression de plusieurs offices onéreux.

4.º L'obligation au roi de prendre le titre *de comte de Provence.*

5.º De faire entériner ses ordres dans le greffe du conseil royal de Provence.

6.º D'intervenir auprès du pape pour que les bénéfices ne soient confiés qu'à des sujets originaires de Provence.

7.º Que les dignités du pays ne soient confiées qu'à des provençaux.

8.º Que les sujets provençaux ne soient pas tenus de répondre au ban et à l'arrière-ban, attendu que leur service est nécessaire pour la garde des côtes.

9.º Que les franchises des péages et les libertés de navigation sur le Rhône, sur les étangs et sur la mer, soient maintenues.

10.º Que jamais il ne soit envoyé en Provence des commissaires ou légats, pour y exercer une autorité extraordinaire, autre que celle qui est confiée par les lois aux officiers du pays.

Ces demandes et beaucoup d'autres sont rédigées en cinquante-trois articles et écrites en langue provençale.

La réunion définitive de la Provence à la couronne de France et le maintien des libertés et franchises du pays furent proclamés par lettres-patentes données à Compiègne en octobre 1486 (1), elles sont ainsi conçues :

« Pour ces causes et autres à ce nous mouvans, et
« par l'avis et délibération desdits seigneurs de notre
« sang et lignage et gens de notre conseil résidant en
« tour, nous, nous avons, pour nous et nos successeurs
« rois de France, voulu et voulons avoir et tenir
« nosdits pays et comtez de Provence, de Forcalquier et
« terres adjacentes, sous nous et nosdits successeurs
« de ladite couronne de France perpétuellement insépara-
« blement comme vrai comte et souverain seigneur
« d'iceux, sans que jamais ils en puissent être aliénez,
« et permuez ny transferez à quelconque personne,
« ni pour quelque cause et occasion que ce soit ou
« puisse être, en tout ni en partie, et quant à ce
« seulement, les avons adjoints et unis, adjoignons et
« unissons à nous et à ladite couronne, sans que à
« icelle couronne ni au royaume ils soient pour ce
« aucunement subalternes, pour quelque cause ou
« occasion que ce soit ou puisse être, ores, ni pour le
« temps à venir en aucune manière.

« Ni aussi pour ce aucunement nuire, préjudicier,
« ni déroger à leurs susdits priviléges, libertés, fran-

____

(1) Recueil d'Isambert, tome 21 ; pag. 166.

« chises, conventions, chapitre de paix, lois, coutumes,
« droits, statuts, police et manière de vivre èsdits pays,
« pays qui leur ont esté octroyez et confirmez en général
« et particulier, soit ès-gens d'église, nobles, villes,
« communes et autres personnes quelconques, tant par
« les feus roys, reines, comtes et comtesses d'iceux
« pays, ceux qui par cy-devant ont esté leurs lieutenans,
« gouvernans et grands sénéchaux, que par nous; mais
« iceux leur avons de nouvel et d'abondant, par l'avis et
« délibération que dessus, confirmez, louez et approuvez,
« confirmons, louons et approuvons de notre certaine
« science, grâce spéciale, pleine puissance et authorité
« royale par cesdites présentes signées de nostre main. »

La Provence fut donc réunie à la France, sans être confondue avec elle; elle garda son nom, ses lois, ses usages et franchises et continua d'être administrée non comme une dépendance du royaume, mais comme un État distinct, uni par un simple lien fédéral. Il est même à remarquer qu'elle ne reconnut jamais le roi pour son souverain, en sa qualité *de roi de France*, mais seulement sous le titre et en la qualité *de comte de Provence*, qu'il ne manquait jamais de prendre lorsqu'il prescrivait une mesure quelconque ou qu'il demandait des subsides (1).

Ce fut donc un état entièrement indépendant, dont le souverain était en même temps roi de France. Nous devons donc reconnaître que la France, ou soit l'État,

---

(2) Statistique du département des Bouches-du-Rhône, tome 2, page 494.

n'a jamais pu être confondue avec la Provence qui existait à côté d'elle avec ses lois, son prince et ses droits particuliers (1).

Ceci étant incontestable, peut-on nier que le légataire de M. de Méjanes ne fût autre que *la Provence*. Mais la Provence, corps moral, avec sa constitution, son prince, sa nationalité distincte et non le sol matériel du pays.

Certes, lorsque l'homme mourant appelle un héritier, lui donne ses biens et le charge de faire exécuter sa volonté après sa mort, ce n'est pas la partie matérielle de l'homme qui fixe son choix, mais la partie intelligente; celle qui pense, agit, sait garder le souvenir d'un bienfait, contraindre ses passions et accomplir pieusement, même contre ses intérêts, la volonté dont il est dépositaire. Le mourant n'a point cherché ses garanties dans la partie corporelle et inintelligente de son héritier, mais il a sondé son cœur et interrogé sa pensée, et c'est lorsqu'il a connu que son âme était noble, sa

---

(1) Par cette union, la Provence n'a point été confondue avec le royaume de France, comme un accessoire avec son principal; mais l'union en a été faite *comme d'un principal joint à un autre principal*; de manière qu'elle ne pourrait être aliénée, ni séparée du royaume de France pour quelque cause que ce fût; qu'elle retiendrait toujours son état, sa dignité, ses lois, ses prérogatives, ses usages, ses coutumes, et que les rois de France en seraient les souverains, *non comme rois de France, mais comme ses vrais comtés.*

(Julien, statuts de Provence, tom. 2, pag. 393.)

volonté énergique et sa mémoire reconnaissante, qu'il se l'est attaché par le plus saint des liens.

Or, l'âme, la vie, la pensée d'un pays, ce n'est pas le sol qui nourrit à la fois les hommes et les animaux d'une vie matérielle et ne met entre eux que la différence des alimens ; c'est la constitution. C'est elle qui fait l'homme dans la noble acception du mot ; car elle lui donne les lois qui soumettent sa volonté ou protègent sa faiblesse, les usages, les droits et les franchises qui tempèrent la rigueur des lois. Elle est la patrie, car la patrie n'est pas seulement le pays qui m'a vu naître, mais c'est encore la loi qui me permet d'y vivre, qui m'y assure l'exercice de mes droits et le fruit de mon travail.

Soutenir que M. de Méjanes a choisi pour son héritier, non le corps moral, mais le corps matériel de la province, c'est avancer que la matière privée de vie peut concevoir une volonté et en accomplir une ; que le sol insensible pense et se meut.

Il ressort invinciblement de la nature même des choses, que le légataire de M. de Méjanes, c'est *la nationalité provençale.* Voyons maintenant si nous ne trouverons pas dans son testament de nouvelles preuves à l'appui de cette vérité.

Il lègue, etc., *à la province de Provence, pour appartenir à ladite province, sous la direction et surveillance de MM. les procureurs de ladite province de Provence, nés et joints et de MM. les syndics de la noblesse.*

Il veut que l'emploi des rentes qu'il lègue à la province

pour être employées uniquement et intégralement à l'augmentation de la bibliothéque, soit justifié tous les ans par le bibliothécaire, *devant MM. les directeurs* qui auront le droit de choisir ce bibliothécaire, et que tous les ans encore il soit rendu compte de cet emploi *devant des commissaires nommés par l'assemblée générale de la province.*

Pour bien comprendre la valeur de ces précautions et apprécier l'influence que de semblables garanties avaient dû exercer sur la volonté de M. de Méjanes, il devient nécessaire de rechercher ce qu'étaient les procureurs du pays et les assemblées de la province.

La Provence était administrée par les trois consuls de la ville d'Aix sous le nom de *procureurs nés du pays*. Ces fonctions et ce titre leur avaient été irrévocablement assurés par un édit de François 1.ᵉʳ de septembre 1535. Le premier consul devait être un noble possédant fief en Provence, *quel que fut le lieu de son domicile*; le second consul se choisissait parmi les nobles de la ville et le troisième parmi les bourgeois (1). Il leur était adjoint un quatrième consul qui sous le titre *d'assesseur* exerçait les mêmes fonctions et jouissait des mêmes prérogatives, il devait être avocat et prenait rang entre le premier et le second consul.

Ainsi, de ces quatre fonctionnaires, l'un appartenait à la province et pouvait être choisi dans toute son étendue, les autres ne pouvaient être pris que dans la ville.

---

(1) Statistique, tome 2, pag. 647 et suivantes.

(24)

A côté de ces *procureurs nés du pays*, administrateurs de la province, sous l'autorité des états, se trouvaient *les procureurs joints*, ils étaient de trois sortes.

1.º *Les procureurs joints pour le clergé.* Les États auxquels assistaient tous les évêques de Provence, nommaient dans leur sein deux membres du clergé qui remplissaient les fonctions de procureurs-joints pour cet ordre. Ils pouvaient être choisis par toute la Provence hors à Arles ou à Marseille. Ils concouraient à l'administration générale du pays (1).

3.º *Syndics et procureur joints pour la noblesse.* Les possédans fiefs élisaient leurs syndics, et les assemblées provinciales nommaient deux procureursjoints pour la noblesse, dont un devait être nécessairement pris parmi les syndics (2).

3.º *Procureurs joints pour le tiers-état.* Deux députés des communautés choisis à tour de rôle. Ils figuraient dans les comités chargés de préparer les délibérations, et représentaient le tiers-état dans les assemblées particulières de la province.

Voilà quels étaient les fonctionnaires chargés par M. de Méjanes de diriger et de surveiller sa bibliothèque. Librement élus par leurs concitoyens, ils vivaient dans une entière indépendance du pouvoir royal qui ne pouvait ni leur conférer, ni leur ravir leurs fonctions ou leurs titres.

Choisis dans tout le pays, ils représentaient les

---

(1) Statistique, tome 2, pag. 568.
(2) *Idem.*

intérêts de toutes les parties de la Provence à l'administration de laquelle ils concouraient tous.

Certes, en les appelant à la direction et à la surveillance du legs qu'il fesait à la province, en exigeant que chaque année le bibliothécaire leur rendit compte de l'emploi des fonds dont l'administration lui était confiée, M. de Méjanes a révélé, d'une manière bien nette, le fond de sa pensée.

S'il eût voulu pour légataire le pays matériel, il se fût contenté d'énoncer les charges dont il grévait son legs et s'en fût remis du soin d'en surveiller l'accomplissement, d'abord à ses héritiers, ensuite aux administrateurs du pays, quels qu'ils fussent ou pussent être. Mais s'il n'a légué qu'au pays, corps moral, s'il a été entraîné à cette libéralité par l'existence d'une constitution et d'une nationalité dans lesquelles il trouvait de sûres garanties, alors il en aura appelé à cette constitution, il aura minutieusement détaillé tous les pouvoirs qui peuvent concourir au maintien de sa volonté; il leur aura tracé à tous les devoirs qu'ils ont à remplir. Nous avons déjà vu que c'était là ce qu'il avait fait et nous allons nous en convaincre mieux encore.

Non-seulement M. de Méjanes exige que le bibliothécaire rende compte chaque année à MM. les procureurs nés et joints du pays, mais encore que ce compte soit rendu chaque année aussi à des commissaires nommés par l'assemblée générale de la province, et que le résultat de ce compte soit imprimé annuellement dans le cahier de cette assemblée.

La Provence était gouvernée sous les princes de la

4

maison d'Anjou, comme sous ceux de la maison de Bourbon par des assemblées dans lesquelles les trois ordres de citoyens étaient représentés par des députés librement élus. Ces assemblées délibéraient sur toutes les mesures de gouvernement ordonnées par les comtes de Provence et principalement sur les subsides demandés, et les procureurs du pays leur rendaient compte de leur administration.

La principale de ces assemblées était connue sous le nom d'*états de Provence*, elle ne se réunissait pas à époques fixes et fut suspendue de 1639 à 1787.

Pendant ce long intervalle les *états de Provence* furent remplacés par *les assemblées générales des communautés*, qui se réunissaient régulièrement toutes les années et qui exercèrent à peu près les mêmes pouvoirs. Ces assemblées étaient composées, savoir : des deux premiers consuls et l'assesseur d'Aix, des deux premiers consuls de Tarascon, des maires, premiers consuls de Forcalquier, Sisteron, Grasse, Hyères, Draguignan, Toulon, Digne, Saint-Paul, Moustiers, Castellane, Aulps, Saint-Remi, Reillanne, les Mées, Antibes, Valensoles, Trets, Cuers, Rians, Olioulles, Martigues et Aubagne ; le clergé et la noblesse n'y étaient représentés que par leurs procureurs joints, sans y comprendre toutefois l'archevêque d'Aix, président né des États. Depuis 1644 elles se réunirent toujours dans la ville de Lambesc (1).

Ce fut cette assemblée, représentant toute la province, qui devait élire dans son sein les deux commissaires

______

(1) Statistique, tome 2, page 316.

devant qui le compte devait être rendu, chaque année et le résultat du compte devait être imprimé dans le cahier de ses délibérations.

Ainsi des hommes appartenant à toutes les classes de citoyens étaient chargés de la direction et de la surveillance du legs de M. de Méjanes ; ils devaient chaque année recevoir une première justification de l'emploi des fonds, et un second compte devait aussi chaque année être soumis à l'assemblée représentative et réellement *souveraine du pays* (1).

En voyant le testateur disposer ainsi tous les pouvoir de la province autour de l'acte dépositaire de sa dernière volonté, pour lui en garantir l'exécution, qui donc pourrait douter que ces pouvoirs, cette constitution qui les avait établis, cette position indépendante qui avait permis de les conserver, ne constituassent le vrai, le seul légataire qu'il ait choisi ? Enfin que l'objet de la préférence de M. de Méjanes ne fût la Provence, mais l'État et non le sol.

Voila donc ce qu'était la Provence lors du testament

______

(1) Je sais que les rois de France pouvaient facilement réduire par corruption ou par violence les états à la soumission ; je sais qu'ils l'ont fait maintes fois ; mais ces triomphes passagers et injustes n'ont pu détruire le droit, et les états de Provence, ainsi que les assemblées qui les remplaçaient, ont toujours été les seuls vrais *souverains* de la province.

et de la mort de M. de Méjanes en 1786, voyons ce qui dans la suite elle est devenue.

En 1789, les états généraux du royaume furent convoqués. On sait que les élections furent faites sur la base la plus large; mais on sait aussi que les députés élus avaient reçu un mandat impératif et des pouvoirs limités dans des cahiers discutés et arrêtés dans chaque bailliage.

Nous n'avons pu parvenir à nous procurer les cahiers qui furent donnés aux députés de Provence ; mais ces temps sont encore trop proches de nous pour qu'il soit permis d'ignorer aucun des détails de cette première scène du grand drame, et nous pouvons avancer avec certitude que le pouvoir de détruire la nationalité de la Provence et de la mutiler en trois fractions sans valeur politique, ne fut pas donné aux députés élus par elle.

Le décret de l'assemblée constituante du 4 mars 1790, consomma cependant ce changement immense ; la Provence cessa d'exister, et à sa place se trouvèrent les trois départemens des Bouches-du-Rhône, du Var et des Basses-Alpes.

Ainsi se trouva détruit le pacte qui unissait la Provence à la France. Les délibérations des États de 1482 et 1483, et l'édit d'union de 1486 furent également violés.

Quels purent être les effets légaux de ce changement? Se bornèrent-ils à une vaine substitution de noms et à une circonscription nouvelle, comme l'État a le courage de le soutenir (1)?

____

(1) Page 21 de son Mémoire.

Nullement. La Provence perdit tout ce qui fait l'existence politique d'un peuple, son nom, ses lois, ses usages et franchises, enfin sa constitution. Elle acquit à la vérité une constitution nouvelle; mais celle-ci ne lui fut plus spéciale, elle-même cessa d'être un état indépendant uni à un autre par un simple lien fédéral; elle fut confondue dans le royaume de France; elle perdit même l'unité de son territoire; car les trois départemens qui la remplacèrent ne furent unis par aucun lien, et ils sont devenus aussi étrangers les uns aux autres que ce que le sont tous les départemens entre eux (1).

Il y eut donc absorption de la constitution provençale par la nouvelle constitution française, et sous l'envahissement de la France la nationalité de la Provence disparut.

Toutes ces choses furent faites par des députés qui avaient mandat de réformer de nombreux abus, mais dont aucun n'avait reçu le pouvoir de détruire la constitution de son pays. On sait aussi qu'un de leurs premiers actes fut de se soustraire au joug de leurs mandats en les déclarant nuls et en mettant à l'écart les cahiers qui les importunaient; mais ils ne purent faire que ces cahiers méprisés ne continssent les limites de leurs droits, et qu'en dehors de ces limites, ils ne fussent sans pouvoir et sans qualité.

____

(1) Il est à remarquer à cet égard que la viguerie d'Apt qui faisait partie de la Provence n'appartient pas même à un des trois départemens par lesquels on prétend l'avoir remplacée.

L'État a donc eu tort d'imprimer (1) que ce chan-gement fut fait dans les formes les plus légales, et que ce fut le corrélatif de l'acte d'union de la Provence à la France. Le premier acte avait été voté dans les assem-blées légales du pays, le second le fut en violation évidente des mandats donnés aux députés. Il y eut dans cet acte excès de pouvoir de la part de l'assemblée et usurpation de pouvoirs par les députés de Provence.

On sent qu'il ne s'agit point ici de savoir si l'on pourrait revenir aujourd'hui sur une semblable mesure, quelque illégale que dans son principe elle ait pu être; mais de rechercher quels ont été ses effets et l'influence qu'ils doivent exercer sur la question qui nous occupe.

Or, ces effets ont été la destruction de la Provence, corps moral et politique, destruction opérée par la force et non par le droit; enfin, pour tout dire, en un mot: *la conquête de la Provence par la France et son démem-brement.*

Le résultat de ces choses a été nécessairement la dis-parition et l'anéantissement du légataire de M. de Méjanes, sans que personne pût être substitué à ses droits; et ceci est tellement vrai, que l'état lui-même a été con-traint d'en convenir.

Nous lisons en effet dans son Mémoire, page 26 :

» Nous comprendrions que l'on pût soutenir que le
» domaine de l'État est aujourd'hui sans qualité pour
» réclamer le legs fait à la Provence, s'il apparaissait

---

(3) Page 21, 22.

» que l'intention du testateur a été de ne faire ce legs
» à la Provence *qu'à la condition qu'elle conserverait ce*
» *nom et son administration séparée et son domaine distinct,*
» faute de quoi, le legs accroîtrait à l'héritier institué.

« Un État qui *conserve son nom, son administration séparée et son domaine distinct,* garde sa constitution, sa
nationalité, il existe. Un État au contraire qui perd
toutes ces choses, périt. Or, la Provence a péri puisqu'elle les a perdues. Vainement le sol est-il demeuré.
Nous avons prouvé que le sol n'était pas le légataire,
le légataire a donc péri.

Mais notre adversaire insiste et soutient que le legs
n'a pas été fait à la province, mais *au public*, abusant
pour colorer son erreur de cette phrase du testament :
« Sous la condition d'en tenir une bibliothéque ouverte
« en la ville d'Aix, pour l'avantage du public auquel
« ladite bibliothéque sera destinée et à cet effet ouverte
« quatre fois la semaine, matin et soir. »

C'est là, il faut en convenir, un bien singulier équivoque. *Le public* peut-il être autre chose, dans ce testament, que l'utilisation de la bibliothéque et ne voit-on
pas clairement que c'est là une des charges du legs et
non pas le nom du légataire ? M. de Méjanes a voulu
que la bibliothéque fut *publique* ; il dit en conséquence
qu'il veut qu'elle soit ouverte *pour l'avantage du public
auquel elle est destinée* ; car elle n'était pas destinée, en
effet, à occuper les loisirs exclusifs de MM. les procureurs
du pays ou autres administrateurs de la province.

Pour mieux faire sentir tout ce qu'a de déraisonnable
le système soutenu par l'État, supposons qu'en 1789, la

Provence eût été envahie par l'Espagne et qu'elle fût
devenue province espagnole, soumise à la domination
du vainqueur, régie par ses lois et ses coutumes, le
légataire de M. de Méjanes aurait-il survécu à la conquête? Le domaine espagnol pourrait-il nous demander,
non par le droit de la force, mais par celui de justice,
la délivrance du legs?

On n'oserait le soutenir. Cependant si le legs a été
fait au public, le public ne meurt pas; s'il a été fait
au sol, à la Provence matérielle, le sol survit à la
conquête.

C'est donc que le légataire de M. de Méjanes est cette
Provence, indépendante, libre, libéralement consti-
tuée, que la révolution de 1789 a fait disparaître. C'est
cet être moral et vivant à qui l'on peut léguer parce
qu'il est capable de recevoir et imposer des conditions,
parce qu'il a une volonté et une action qui lui permettent de les accomplir, et non cette chose matérielle et
insensible qui était long-temps avant que la Provence
n'existât et qui verra sans doute passer bien des em-
pires et des constitutions avant que le temps ne l'englou-
tisse.

Vous n'oseriez penser qu'un corrégidor ou un alcade
en possession de la bibliothéque fussent l'accomplissement de la volonté de M. de Méjanes, comment pouvez-
vous donc admettre qu'un maire et son conseil municipal, un sous-préfet et un préfet suffisent à l'accomplir!

Quoi, le maire et le conseil municipal, tous fonctionnaires et citoyens de la ville d'Aix remplaceront

trois consuls et un assesseur et six procureurs joints
pour les trois ordres et administreront dans l'intérêt
de la province et non de la ville; tout comme les derniers
qui, choisis en partie hors de la ville d'Aix, avaient
intérêt à ne pas laisser absorber par celle-ci toute l'utilité
du legs; et nos états de Provence si nationaux, si in-
dépendans et quelquefois si énergiques, un sous-préfet
et un préfet les remplaceront-ils? Eux, fonctionnaires
destituables à merci, et toujours forcément inclinés sous
le bon vouloir d'un ministre.

Enfin, de quel droit imposer à ce legs la terrible
protection du gouvernement de France, ignore-t-on
que de semblables intérêts paraissent d'une mince importance, vus de Paris? Comprend-on quel sera le petit
sous-commis aux caprices duquel nous serons abandonnés
et qui nous dira de quelles médiocrités la bibliothéque
Méjanes se verra inondée sous un pareil patronage.

Ce fut pour l'éviter que M. de Méjanes voulut léguer
à la Provence et non à l'État. Il trouvait dans les franchises de notre pays une sûre garantie contre une haute
protection qu'avec raison il redoutait; aujourd'hui
voudrait-on faire malgré lui ce qu'il s'est tant efforcé
d'éviter?

Nous terminons par une réflexion qui nous semble
importante. Lorsque M. de Méjanes a fait son testament,
l'État existait, ce n'est cependant point lui qu'il a choisi
pour légataire, c'est exclusivement la Provence. Or,
que veut-on aujourd'hui? On veut que les choses soient
comme si en 1786, M. de Méjanes eût institué l'État.

N'est-ce point évidemment aller contre la volonté du testateur et refaire son testament ?

Cela ne saurait être. La faculté que la loi nous accorde de disposer de nos biens après notre mort, ne peut être précieuse, qu'avec la garantie que notre volonté sera religieusement observée. Le choix d'un héritier est sans nul doute la partie du testament à l'accomplissement de laquelle le testateur attache le plus de prix.

Ainsi, M. de Méjanes avait préféré la province à sa propre famille, mais il avait préféré sa famille à l'État, et puisque son héritier, le premier dans ses affections, a péri, sans que personne le puisse remplacer, la justice ne peut, sans outrager sa mémoire et fouler aux pieds son testament, lui imposer, au mépris des droits de sa famille, un héritier qu'il a évidemment repoussé.

§. II.

Les conditions imposées au legs n'ont-elles point été violées ? Quel doit être le résultat de cette violation ?

Il serait difficile de relever dans le testament de M. de Méjanes une seule condition qui n'eût point été violée, dès lors c'est pour nous une tâche bien aisée à remplir que celle de démontrer l'affirmative de la question qui vient d'être posée.

Voici quelles furent les conditions principales du legs :

1.° Sous la condition d'en tenir une bibliothèque ouverte en la ville d'Aix.

2.° Sous la condition *expresse* qu'il ne pourra être prêté aucun livre de ladite bibliothéque *à qui que ce soit*, et sous tel prétexte que ce soit et puisse être.

3.° Les rentes sont léguées pour être employées *uniquement* et *intégralement* à l'augmentation de ladite biblio- théque. L'emploi en sera justifié tous les ans par le bibliothécaire devant MM. les directeurs qui auront droit de choisir le bibliothécaire, etc.

Enfin le testament est ainsi terminé :

« Mon intention *décisive* est que tous les fonds que
« j'ai légués par mon testament pour ma bibliothéque,
« soient employés à l'acquisition de nouveaux livres,
« *sans qu'il puisse en être distrait la plus légère somme*
« *sous quelque prétexte que ce soit. J'exige expressément*
« qu'il soit rendu compte, toutes les années, de l'emploi
« desdits fonds, devant des commissaires qui seront
« nommés par l'assemblée générale de la province, et
« que le résultat dudit compte soit imprimé annuel-
« lement dans le cahier de ladite assemblée. »

La bibliothéque, léguée en 1786 sous la condition d'être ouverte en la ville d'Aix, ne l'a été qu'en 1840, *vingt-quatre ans* après la mort du testateur. Certes, cette longue inexécution de la volonté de M. de Méjanes ne peut être contestée, que dira-t-on pour sa justification ou son excuse ?

Objectera-t-on que pendant le désordre révolutionnaire il y avait impossibilité de fonder et d'ouvrir au public cet établissement précieux ; mais que l'État veuille donc enfin comprendre que ce désordre révolutionnaire dont il prétend se faire une excuse, c'était son fait à lui-même, à l'État.

L'État est la réunion de tous les pouvoirs, qu'ils soient violens ou modérés, usurpateurs ou légitimes. Sous Louis XIV, l'*État, c'était lui*, car il réunissait sur sa tête tous les pouvoirs souverains; sous le règne suivant, l'État ce fut encore le roi, mais comme lui affaibli et déconsidéré. Louis XVI, la république, l'empire, la restauration, la révolution de juillet, ont successivement été la personnification plus ou moins malheureuse et agitée de l'État.

Ces États ont toujours été solidaires les uns des autres, et il en devait être ainsi; car l'État ne meurt point; il ne change que de couleur ou de pilotes; il est heureux ou malheureux, glorieux ou méprisé; mais il subsiste toujours, et l'on peut aujourd'hui lui demander compte des obligations qu'il a contractées et n'a point accomplies. Ainsi, nous avons vu l'empire payer les dettes de la république et léguer les siennes à la restauration.

Le comité de salut public, comme expression de la volonté de la convention nationale, était donc l'*état*, les désordres révolutionnaires furent le fait de l'état qui, évidemment ne peut pas se faire une excuse de son propre fait.

Nous verrons bientôt se reproduire cet étrange moyen de défense, quand nous nous occuperons de la confiscation des 56,000 livres. Il était donc utile de rétablir les principes dès à présent, et c'est pourquoi nous ne nous sommes pas contentés de répondre que de 1786, année de la délivrance du legs à 1792, époque à laquelle les désordres graves ont commencé, on compte cinq années pendant lesquelles, au moins, l'inaccomplissement de la volonté du testateur est sans explication ou excuse.

La seconde condition imposée et d'une manière *expresse* par le testament, celle de ne prêter aucun livre *à qui que ce soit et sous quelque prétexte que ce puisse être*, combien de fois n'a-t-elle point été violée ? Nous nous en rapporterions volontiers à cet égard à la déclaration, faite sous la foi du serment par les deux bibliothécaires qui ont succédé à M. le docteur Gibelin ; nous les savons trop hommes d'honneur, pour croire qu'ils voulussent affirmer que jamais depuis l'ouverture de la bibliothéque, aucun livre n'a été prêté *à qui que ce soit et sous quelque prétexte que ce puisse être.*

Sur ce point encore la volonté de M. de Méjanes a été ouvertement méconnue.

Mais le fait le plus grave que nous ayons à reprocher à l'État, c'est évidemment *la confiscation* ou, pour me servir de l'expression vraie, *la spoliation* de 56,000 livres léguées par le testateur, pour l'augmentation de sa bibliothéque.

On se rappelle que M. de Méjanes avait légué *à la province de Provence*, pour être employée *uniquement* et *intégralement* à l'augmentation de la bibliothéque, une somme de 4808 livres de rentes ; dont 2808 au capital de 56,000 livres furent remises aux procureurs de la province en 1787, les autres 2000 livres n'étaient payables qu'après le décès de madame de Méjanes, et c'est cette seconde portion dont l'État demande aujourd'hui le payement.

On se rappelle aussi que le testateur revient sur ces

rentes dans son codicille pour répéter avec la plus grande insistance, que *son intention décisive est que tous les fonds qu'il a légués, par son testament, pour sa bibliothéque, soient employés à l'acquisition de nouveaux livres, sans qu'il puisse en être distrait la plus légère somme, sous quelque prétexte que ce soit.*

Cependant au mépris de cette volonté qui eût dû être sacrée, ni la province, ni l'État n'ont jamais employé un centime de cette somme importante à l'augmentation de la bibliothéque, la province bien qu'elle en ait joui de 1787 à 1791, et l'État depuis cette époque.

L'obligation d'employer ces fonds uniquement et intégralement à l'augmentation de la bibliothéque, n'était-elle point une charge du legs ? Nul ne le conteste.

Le légataire de M. de Méjanes pouvait-il se dispenser d'accomplir cette charge ? Sur ce point, l'État qui se prétend légataire nous donne pour réponse une foule de contradictions curieuses.

D'abord il convient du principe. « Il est très-vrai, « dit-il, que le legs, fait sous une charge, présente « cette similitude avec le legs conditionnel, que la charge, « comme la condition, doit en général être accomplie, « *à peine de révocation du legs.* Il est encore vrai, en « général, que le droit de demander la révocation de « ces libéralités onéreuses, dans le cas d'inexécution de la « charge, appartient à l'héritier, quoique la charge n'ait « pas été établie dans son intérêt (1). »

____

(1) Mémoire de l'État, page 34, in fine.

Cet aveu est sans doute aussi complet que précieux. Il semble qu'après avoir reconnu de pareils principes, qui sont d'ailleurs élémentaires, il ne reste plus qu'à les appliquer et que la difficulté soit bien près d'être résolue. Eh bien ! il n'en est rien. L'Etat avoue le principe ; mais à condition qu'on n'en tirera aucune conséquence. Il veut bien que les légataires soient obligés d'accomplir les charges des legs ; mais à condition qu'il en sera dispensé. Il reconnaît aux héritiers le droit de faire prononcer la caducité de la disposition ; mais à condition que ce droit sera refusé aux héritiers de Méjanes, et pour couronner toutes ces contradictions d'une manière digne d'elles, il soutient à la fois qu'*il est obligé et qu'il n'est pas obligé* à l'accomplissement des charges imposées au legs par M. de Méjanes.

Voici comment l'État raisonne pour arriver à cette démonstration difficile.

Les lois des 15 octobre 1790 et 25 mars 1794 ordonnèrent que les fonds assignés à quelques bibliothéques seraient payés sur les recettes du district de leur arrondissement. Les lois des 3 juillet et 3 septembre 1792 détruisirent ce provisoire et prohibèrent aux receveurs, de quelque espèce qu'ils fussent, d'acquitter aucun mandat délivré par les corps administratifs, pour des dettes des anciennes provinces et pays d'État. La loi du 3 septembre déclara de plus dettes nationales, toutes les dettes de ces provinces, et ordonna que des états de liquidation seraient dressés par des commissaires pour être ensuite, par le corps législatif, statué ce qu'il appartiendrait. Cette loi excluait les charges de la nature

de celle dont il s'agit. La loi du 9 brumaire an 2 prononça la déchéance des créanciers qui n'avaient pas fait
liquider leurs créances. Enfin, deux lois, celles des 16
octobre 1791 et 15 septembre 1792 prononcèrent la
confiscation de ces rentes.

Tel est l'amas de lois auquel notre adversaire est
contraint de recourir pour colorer sa résistance d'une
apparence de raison.

Un mot pourrait suffire pour faire écrouler tout
cet échafaudage. Nous pourrions nous contenter de
demander à l'Etat pourquoi, s'il en est ainsi, il se
reconnaît obligé, pour le présent et l'avenir, à l'accomplissement des charges, sous peine de révocation du
legs.

La succession de M. de Méjanes s'étant ouverte en
1786, le legs a été acquis au légataire, quel qu'il soit,
dès cette époque. Il importe peu que la jouissance de
partie de cette libéralité ait été retardée jusqu'en 1827,
le légataire a été, dès l'instant de la mort du testateur,
saisi de la nue propriété. Ceci étant admis, et nous ne
pensons pas que personne ose jamais le contester, comment
se pourrait-il faire que les lois de 1790, 1791, 1792 et
brumaire an 2, n'eussent confisqué au profit de l'Etat
que la partie de ce legs qui n'était point grévée d'usufruit
et qu'elles n'eussent point atteint celle qui résidait en
nue propriété seulement sur la tête du légataire. En
vérité, on ne comprend point une semblable distinction,
et si l'on consulte les lois que l'Etat à citées, on le
comprendra bien moins encore ; car elles parlent toutes :
des biens des pays d'Etat, ou des fondations faites en faveur

d'ordres, *de corps.* etc. Or, soit que l'on considère le legs comme *le bien* de la province ou comme *une fondation* qui lui ait été faite, il n'en est pas moins constant que *ce bien* ou *cette fondation*, comprennent tout le legs en propriété; partie avec jouissance et partie grévée d'usufruit.

Si donc les lois citées ont confisqué le legs, c'est en entier, si l'Etat a été dispensé par ces lois d'accomplir les charges de ce legs pour le passé, il en est encore dispensé pour le présent et l'avenir, ou pour mieux dire, ces charges n'existent plus, elles ont été supprimées par les lois sur lesquelles l'Etat se fonde.

Cependant un avis du conseil d'Etat, versé au procès par les adversaires eux-mêmes, prouve que ces charges n'ont point été supprimées, qu'elles existent et obligent encore le légataire sous peine de révocation du legs.

On nous permettra de rappeler ce passage remarquable et décisif de l'avis du conseil d'Etat du 5 novembre 1832.

« Que l'article 6 de la loi des 12, 17 avril 1791 ayant
« déclaré domaines nationaux toutes les propriétés tant
« mobilières qu'immobilières des ci-devant pays d'état,
« l'Etat peut seul revendiquer la rente devenue exigible
« par le décès de madame de Méjanes, mais que l'Etat
« ayant, aux termes de ladite loi, succédé aux dettes
« et aux charges en même temps qu'aux biens des ci-
« devant pays d'état, et le legs de 2000 fr. de rente
« n'ayant été fait par M. de Méjanes, qu'à la condition
« de l'employer uniquement et intégralement à l'acqui-
« sition de nouveaux livres destinés à l'augmentation

« de sa bibliothéque , l'État, en recueillant le legs, ne
« saurait se dispenser d'accomplir ladite condition.

Cette décision, portée par un corps bien à même, sans
doute, de connaître toutes les lois invoquées par notre
adversaire et d'en apprécier la valeur, condamne, ce nous
semble, souverainement les prétentions de l'Etat

En effet, si l'Etat a succédé *aux dettes et aux charges* en
même temps qu'aux biens ; si en recueillant le legs, *il
ne peut se dispenser d'accomplir la condition*, il est évident
qu'il ne le peut pas plus pour la première partie du
legs que pour la seconde, que cette dette ou charge
du legs n'a jamais été supprimée.

Cet avis du conseil d'état, tribunal dont l'impartialité
ne saurait être suspectée par notre adversaire, est donc
décisif contre lui, et nous pouvons affirmer qu'il n'est
point vrai que les lois qu'il énumère aient rendu la
nation propriétaire pure et simple du legs dont il s'agit :
cette vérité est dès à présent incontestable et une rapide
revue de cette partie de notre législatiou la démontrera
encore mieux.

La loi qui régit évidemment la quetion est celle du
17 avril 1791 ; elle est ainsi conçue :

Art. 1. « Il sera incessamment procédé à la liquidation
« des dettes des ci-devant pays d'état, *qui doivent être à
« la charge de la nation.*

Article 2. « *Seront reputées dettes des pays d'état* à la charge
« de la nation, toutes celles qui ont été autorisées dans
« les formes ci-devant prescrites et usitées dans les
« différentes provinces, ou reconnues lors des réunions
« des différentes provinces au royaume. »

(43)

Article 6. « En conséquence des articles ci-dessus ,
« toutes les propriétés tant mobiliéres qu'immobiliéres ,
« appartenant aux ci-devant pays d'état à titre collectif ,
« seront déclarées domaines nationaux.

C'est sur cette loi que le conseil d'État s'est fondé , et
l'on voit si elle était douteuse et pouvait permettre une
autre application. Elle déclare dettes des pays d'état *à*
la charge de la nation, toutes celles qui ont été autorisées dans les formes ci-devant prescrites et usitées dans
les différentes provinces. Or, la dette qui résultait pour
la Provence du testament de M. de Méjanes avait été
autorisée et acceptée par l'assemblée générale de la province , par conséquent dans les formes usitées et prescrites. Elle était donc *à la charge de la nation.*

Les dispositions des lois du 15 octobre 1790 et 25 mars
1791 nous importent peu. Il était en effet peu essentiel
que cette charge fût accomplie sur la caisse du district
ou sur une autre , et ces deux lois se bornent à régler
que les fonds assignés à quelques bibliothéques seront
provisoirement répartis sur les recettes des districts.

La loi du 3 septembre 1792 , bien loin de nous
être contraire , comme l'État l'a avancé , corrobore la
loi du 17 avril 1791 et lui donne une nouvelle force.
Il est facile de s'en convaincre par la lecture de l'article
suivant :

Art. 6. « Au moyen des dispositions du décret du 3
« juillet dernier, l'assemblée déclare à la charge de la
« nation toutes les dettes des ci-devant provinces , anté-
« rieures à l'année 1791 , qui ont été autorisées dans
« les formes ci-devant prescrites et usitées, tant dans

« les pays d'état que dans ceux d'administrations pro-
« vinciales, pays d'élection et pays conquis ; et il sera
« pourvu à leur payement, ainsi qu'il va être ordonné.

Quant aux articles 7, 8, 9 et 10, cités dans le Mémoire
des adversaires, ils ne sont relatifs qu'à divers
modes de liquidation ou de reconnaissance de dettes.

Or, celle qui nous occupe n'avait pas besoin d'être
reconnue, puisqu'elle avait été déclarée dette de la nation
par les lois de 1791 et celle du 3 septembre 1792, et
quant à sa liquidation, elle était toute faite ou du
moins les titres se trouvaient entre les mains de l'État ;
car la remise en avait été faite à la province en 1787,
et l'État s'en était emparé en 1794.

C'est cette observation qui répond à l'objection tirée
de la loi du 9 brumaire an 2. Cette loi est bien évidemment sans application à la dette dont il s'agit, car
l'État *liquidateur* avait entre les mains les titres nécessaires pour opérer la liquidation, puisqu'il se disait
propriétaire de la bibliothèque à laquelle la rente devait
être servie et qu'il s'était emparé des titres de la rente.

Que l'on ne s'y trompe pas, ce n'était point M. de
Lagoy qui devait faire liquider cette créance ; mais
c'était l'État. M. de Lagoy n'avait qu'à surveiller l'exécution du testament ; la liquidation, comme la reconnaissance et le payement de la dette, rentraient dans
cette exécution qui était le devoir, non de M. de Lagoy,
mais du légataire, c'est-à-dire, de l'État qui réclame
cette qualité. Si donc la charge du legs n'a point été
accomplie faute d'avoir fait liquider la créance, c'est
l'État seul qui en doit répondre, car seul il devait faire

liquider et seul il le pouvait, puisqu'il avait tous les titres.

Il nous importe de revenir maintenant sur cette singulière prétention de l'État de se faire des excuses et des justifications de ses propres actes, en invoquant pour sa défense les désordres de toute nature que la révolution a fait éclore.

Jamais les troubles civils ne peuvent servir d'excuse à l'État pour le dispenser de remplir ses obligations; car empêcher les troubles est encore un de ses devoirs, et la violation d'un devoir ne peut jamais être invoquée comme excuse.

Pour un gouvernement, la faiblesse est un crime, et celui-là se confesse coupable qui avoue avoir été dominé par le désordre.

Ces principes d'une éternelle vérité prennent bien plus de forces, lorsque c'est l'État ou soit le gouvernement lui-même qui a constitué l'anarchie.

Ainsi *la terreur* fut un système d'administration, s'il est permis de déshonorer ces mots en les appliquant à cette série de crimes, ce système fut suivi par la convention qui alors était *l'État*. *Cette terreur* fut donc le fait propre de l'État, comment pourrait-il aujourd'hui s'en faire une excuse?

Vainement, dit-on, qu'il ne faut pas confondre l'État qui gouverne, qui proscrit, qui confisque avec le domaine qui administre et revendique. Cette distinction ne repose sur rien de solide; car il est évident que *le domaine* n'est que l'agent d'affaires de l'État; que par conséquent, c'est à celui-ci, chef et principe de tout dans le royaume, qu'il faut remonter pour toutes choses, c'est à lui qu'il faut attribuer toute la responsabilité des actes de gouvernement.

Ce que nous disons est tellement vrai, que dans ce moment même et pour le modique intérêt de ce procès, c'est l'*État* en son nom et en sa qualité qui plaide. Voyez tous les actes de la procédure, les ajournemens, les conclusions, les significations toutes sont faites *au nom de l'État*, même jusqu'au Mémoire dans lequel nous lisons qu'il ne faut pas confondre le domaine qui plaide, avec l'État *qui ne plaide point.*

Notre adversaire ne peut donc opposer à nos réclamations l'exception tirée de ce que la rente aurait péri par force majeure; parce qu'il n'y a d'événemens de force majeure pour les États, que ceux qui sont le produit de l'irrésistible puissance des élémens ou de la violence d'une agression étrangère (1); mais tous les actes de gouvernement, dans quelque circonstance qu'ils aient été faits, sont des actes de pure administration, ils sont *son fait propre* et ne peuvent jamais constituer une *force majeure* dont il puisse se prévaloir.

Il est donc établi que les charges imposées au legs

---

(1) Lorsque j'admets l'agression étrangère au rang des causes de force majeure, je suppose qu'elle a agi directement sur la chose détruite, par exemple, si les titres eussent été enlevés ou brûlés, mais il ne suffirait pas qu'on les eût aliénés pour repousser l'agression, parce que c'est là un emploi libre et volontaire que fait l'État. Il pouvait chercher d'autres ressources.

de M. de Méjanes n'ont point été accomplies, et que les 56,000 livres qui étaient destinées à cet emploi en ont été détournées. Nous avons encore démontré que cette dette avait été reconnue par les diverses lois de la révolution ; que par conséquent l'inexécution des volontés de M. de Méjanes ne peut point être excusée par une confiscation légale. Enfin que ces rentes n'avaient point péri par *force majeure*, mais qu'elles avaient été librement et volontairement envahies par l'Etat et détournées de leur légitime emploi.

Examinons maintenant, quels résultats doit avoir sur la cause actuelle cette violation constatée de la volonté de M. de Méjanes.

On nous permettra d'emprunter encore la réponse à cette question au Mémoire de l'Etat, dans le passage suivant que nous avons déjà cité, c'est le moyen d'éviter d'inutiles discussions :

« Et d'abord, il est très-vrai que le legs fait sous « une charge, présente cette similitude avec le legs « conditionnel que la charge comme la condition doit « en général être accomplie à *peine de révocation du legs*. « Il est encore vrai en général, que *le droit de demander* « *la révocation de ces libéralités onéreuses, dans le cas d'inexé-* « *cution de la charge, appartient à l'héritier, quoique la* « *charge n'ait pas été établie dans son intérêt.* »

Les principes sont donc reconnus ; l'inexécution des charges amène nécessairement la révocation du legs, et les héritiers ont le droit de faire prononcer cette révocation lors même que la charge n'a pas été établie dans leur intérêt.

Ces principes nous sont-ils applicables ? Évidemment, puisque la charge n'a point été accomplie et que nous sommes les héritiers de M. le marquis de Méjanes.

Cette conclusion paraît être d'une logique incontestable, cependant l'État la repousse sur le motif qu'il n'a point été mis en demeure d'accomplir les charges du legs.

Il est vrai que le legs, avec charge, n'est résolu, ni révoqué de plein droit par l'inaccomplissement de la charge ; mais il est vrai aussi que l'héritier a droit de forcer le légataire à exécuter ou *à restituer*. Ceci est encore convenu par l'État (1).

Dès lors, notre position est parfaitement juste et légale, car dans des conclusions signifiées en 1833, nous avons mis l'État en demeure d'accomplir la charge du legs en employant uniquement et intégralement à l'augmentation de la bibliothèque une somme de *cent vingt-trois mille cent soixante-huit livres* provenant de quarante-six annuités de la rente de 2808 livres par lui perçues de 1787 à 1833, et faute par lui de ce faire dans un délai fixe, nous avons demandé la révocation du legs.

La difficulté opposée par l'État est donc soulevée ; mais notre adversaire est fertile en expédiens, et il nous objecte d'abord que nous n'avons pas le droit de le mettre en demeure par des fins reconventionnelles, et en désespoir de cause, il oppose la prescription,

---

(1) Page 46 de son Mémoire.

dernière et triste ressource des débiteurs de mauvaise
foi.

Occupons-nous d'abord de l'objection faite à la forme
de notre demande.

Pouvions-nous répondre aux fins principales des adversaires par des fins incidentes et leur demander reconventionnellement compte de l'inexécution des conditions du
testament?

« On peut définir la demande reconventionnelle une
« demande que le défendeur, cité en justice, forme à son
« tour devant le même juge contre le demandeur, afin
« *d'anéantir* ou *restreindre* les effets de l'action intentée
« par celui-ci. »

Carré, tome 2, pag. 75.

« On ne peut donc faire de toutes sortes de prétentions
« l'objet d'une demande *reconventionnelle* (1), il n'y a
« que celles *qui servent de réponse contre la demande prin-*
« *cipale*, ou *qui ont avec elle une connexité*, etc., qui
« puissent être jugées et instruites incidemment. » *Idem.*

Notre demande est reconventionnelle à un double
titre. D'abord, elle tend *à anéantir* la demande principale;
elle *sert de réponse contre elle.* En effet, si le legs est

<hr>

(1) L'auteur dit *incidente*, mais il explique dans un alinéa supé-
rieur que la demande incidente prend le nom de demande reconventionnelle quand elle est opposée par le défendeur.

7

révoqué, nos adversaires deviennent sans droits; en supposant même que le testament leur en confère, et l'action principale est anéantie. De plus, elle est essentiellement *connexe* à l'action principale; car il ne peut y avoir rien qui soit plus connexe que deux actions qui tendent: l'une, à demander le payement d'une partie de legs, l'autre, à demander la révocation de ce legs.

Nous avons donc pu présenter notre demande par *reconvention*, et elle doit être accueillie, puisque d'ailleurs elle est au fond incontestablement fondée.

Que dire maintenant de la prescription? Comment a-t-il pu se faire que ce moyen odieux de libération fût accepté par l'État avec la défaveur, pour ne pas dire plus, qui de droit y est attachée? Nous ne pouvons le comprendre.

Cette prescription sera-t-elle du moins une défense victorieuse? C'est ce qui nous reste à examiner.

Il s'agit au procès d'une rente perpetuelle; chacun sait que sous l'ancien droit, ces rentes étaient imprescriptibles les arrérages seuls se prescrivaient par trente ans, on pouvait les demander de vingt-neuf années. Depuis le Code, elles se prescrivent par trente années; mais depuis le Code seulement, et lorsque notre demande reconventionnelle a été formée (fin mai 1833), trente ans ne s'étaient point encore écoulés depuis le Code; il n'ont été accomplis dans ce département qu'en avril 1834.

Le capital de la rente n'a donc point été prescrit. Quant aux arrérages, ils sont depuis le Code soumis à la prescription de cinq ans; mais nous pouvions en réclamer jusqu'à vingt-neuf ans avant le Code, nous réclamons donc:

1.º Seize ans d'arrérages de 1787 à 1804;

2.º Cinq ans avant notre demande.

3.º Les deux années 1833 et 1834 qui se sont écoulées depuis.

En tout: *vingt-trois années* d'arrérages de la rente de 2808 livres ou soit *64,584 livres.*

La prescription ne peut point atteindre cette partie de la dette de l'État, il faut donc de toute nécessité que dans un délai fixe, l'Etat emploie ces 64,584 livres, uniquement et intégralement à l'augmentation de la bibliothéque, et qu'il soit contraint d'employer chaque année de la même manière les 2808 livres dont il jouit et les 2000 livres qu'alors nous ne nous refuserions plus à payer, toujours s'il pouvait être reconnu que l'État est légataire de M. de Méjanes; ou bien la révocation du legs doit être prononcée à notre profit.

Jusqu'ici nous ne nous sommes occupés que du passé, et nous y avons trouvé la preuve certaine que l'État usurpait une qualité qui jamais ne lui avait appartenu, et qu'après s'être emparé par violence d'une somme considérable, il l'avait complétement dissipée et refusait de la restituer à l'emploi auquel M. de Méjanes l'avait destinée; mais pense-t-on que pour l'avenir l'État nous offre des sûres garanties contre une spoliation pareille à celle que nous lui reprochons?

Nullement. Déjà l'administration des domaines a, par deux fois, proposé une confiscation pure et simple, et le conseil d'État, tout en repoussant cet avis, laisse penser cependant qu'il ne serait pas impossible qu'on y revînt un jour.

Dans son Mémoire en défense, l'Etat rappelle avec complaisance l'avis du conseil d'administration qui réclamait la confiscation ; les membres qui ont adopté cette opinion spoliatrice sont *des membres distingués du conseil d'État, M. le secrétaire général des finances a adopté leur avis* (1), et leur interprétation *était rigoureuse, mais vraie peut-être*. L'État veut toujours mieux nous faire comprendre qu'on pourrait bien y revenir.

A ces regrets si mal déguisés, à cette arrière-pensée si facile à deviner, on peut joindre les craintes graves que doit faire naître la phrase suivante du Mémoire de l'État que déjà nous avons rapportée : » L'acte ministériel « dont on se prévaut n'est dont *qu'une simple autorisation* « qui peut *être retirée à volonté* et qui ne donne *aucun* « *droit foncier* à la ville d'Aix. Rien n'empêcherait le gou-

---

(1) Le Mémoire de l'État, page 39 de son assertion, en ce qui concerne M. le secrétaire général, est contraire à ce que la ville avance dans le sien, page 28 ; nous avons adopté dans notre point de fait cette dernière version, sans la garantir ; nous laissons à nos adversaires le soin de se mettre d'accord entre eux sur ce point comme sur beaucoup d'autres.

« vernement de changer demain le local, l'administration,
« le personnel de la bibliothéque et de préposer à son
« organisation et à sa surveillance un agent qui relè-
« verait directement du ministre chargé de la surveil-
« lance des bibliothéques et qui ne rendrait compte qu'à
« cette autorité supérieure. *Une simple décision ministérielle
« suffirait* pour opérer ce résultat, et la ville d'Aix n'aurait
« pour ce sujet aucun procès à faire à personne. » Page 56.

L'Etat se considère donc comme le propriétaire absolu
de la bibliothéque ; il n'a donné en l'an 13 qu'une autorisation *qu'il pourrait retirer*, et s'il la retirait, la ville
n'aurait, d'après lui, aucun droit à faire valoir.

Voilà donc où les prétentions de la ville ont amené
le legs de M. de Méjanes, non-seulement la spoliation
passée serait consacrée ; mais encore pour l'avenir l'emploi
des nouveaux fonds ne serait point assuré et la bibliothéque demeurerait sous le coup d'une simple autorisation, toujours révocable au gré de l'État. Certes, la
ville a eu grande raison de jeter le cri d'alarme et
d'accuser l'Etat de nous cacher de sinistres desseins, dont
l'accomplissement ne serait que différé, et les héritiers
de M. de Méjanes ont le devoir sacré de résister avec
énergie à des projets si alarmans.

Le Tribunal prendra toutes ces choses en grande
considération. Il pensera que l'État n'a aucune qualité
pour représenter la Provence ; mais s'il en jugeait
autrement, il ne voudrait pas sans doute consacrer,
par sa sentence, la spoliation que l'État avoue et
se refuse à réparer. L'accomplissement des charges

pour l'avenir et pour la plus faible partie des rentes, ne saurait le satisfaire, et juste appréciateur de la volonté de M. de Méjanes, il voudra, ou bien faire jouir la bibliothèque de la totalité du legs, ou conserver à sa famille, le débris que l'État n'a pas pas pu dévorer.

Qu'on veuille bien ne s'y point méprendre, la question n'est pas de savoir si la bibliothèque doit perdre 2000 livres de rente, parce qu'elle en a déjà perdu 2808 ; mais bien si le légataire qui a déjà dévoré ces 2808 livres, qui a méprisé la volonté du testateur en les détournant de leur emploi légitime, aura conservé le droit de recevoir au même titre autres 2000 livres, sans être même tenu à la restitution de ce qu'il a dissipé. La question ainsi posée est d'une solution facile, car la loi vient combattre pour nous contre l'État, et cette solution que la loi sollicite est d'autant plus juste, que du moment où les héritiers de Méjanes se seront libérés en payant le capital de la rente, ainsi qu'ils en ont le droit, alors nous n'aurons, pour l'avenir, pas plus de garanties que pour le passé, et si l'État veut dissiper encore, nul ne pourra l'en empêcher.

Qui le pourrait, en effet ? Les héritiers ; mais d'autres soins et d'autres intérêts appelleront leur surveillance, et ce serait vouloir rendre leur position bien pénible, que de les astreindre à plaider continuellement contre l'État. Comment d'ailleurs sauront-ils si les conditions auront été ou non accomplies ; leur sera-t-il rendu des comptes chaque année ? De ce côté, donc il ne peut y avoir aucune garantie ; leurs efforts pourraient trop aisément être rendus vains. Sera-ce la ville ? *Mais elle ne peut plaider qu'avec l'autorisation de l'État ; que peurra-t-elle donc faire ?*

Oh ! il n'en était point ainsi, lorsque la Provence avait ses lois et ses priviléges. Rien alors ne pouvait lui interdire l'accès des tribunaux, *unie* et non *subalternée* à *l'Etat de France*, elle trouvait dans la force et la sagesse de sa constitution , des moyens presque toujours assurés de défendre son indépendance et de repousser toutes les injustices.

C'est pour cela aussi que M. de Méjanes l'avait nommée son légataire. Aujourd'hui la Provence n'existe plus et nous n'avons aucune garantie contre la toute puissance de l'État. Si la partie du legs qui a survécu lui est abandonnée , il est le maître , de fait sinon de droit, de la dissiper de nouveau; combien donc n'avons-nous pas raison de soutenir que nous ne reconnaissons pas en lui le représentant de la Provence , et le légataire de M. de Méjanes.

Dans notre défense , nous ne nous sommes occupés que des prétentions de l'État , c'est qu'en effet , il est maintenant notre seul adversaire.

Les nouvelles et modestes demandes de la ville sont essentiellement subordonnées aux siennes et subiront la même fortune. Loin de les combattre , nous désirerions pouvoir les appuyer , car nous préférerions de beaucoup voir le legs de M. de Méjanes au pouvoir de la ville qui fût la capitale de notre vieille Provence, que de le savoir absorbé par l'État.

Mais malheureusement elle n'y a aucun droit.

CONCLUD comme aux conclusions signifiées.

Fait à Aix, le 26 novembre 1834.

G. DE LABOULIE fils,

MOLLET,

} *Avocats.*

BOUTEILLE , *Avoué.*

M. EUSIÈRE , *Substitut, portant la parole.*